OBER ÖSTERREICH

Vier Viertel – Ein Paradies

OBERÖSTERREICHVERLAG

4. Auflage 2013
Copyright © 2013 by Oberösterreich Verlag in der
Kehrwasser Verlagsgesellschaft mbH, Linz
Titelmotiv: Schloss Ort, Österreich Werbung – Himsl
Lektorat: Textservice Johann Schnellinger, Linz
Gesamtherstellung: Ing. Gunnar Rachbauer
Druck: Point, Brno

ISBN 978-3-9502878-0-6

OBER
ÖSTERREICH

Vier Viertel – Ein Paradies

Mit einem einleitenden Essay von
Christoph Wagner

Herausgegeben und mit Texten ausgestattet
von Joachim Klinger und Günter Linecker

Mit Fotografien von
Michaela Riess, Erich Pello u.a.

INHALT

Essay von Christoph Wagner

Vier Viertel – Ein Paradies

Geografieprofessoren haben es in Oberösterreich leicht. Wenn sie ihren Schützlingen die Geschichte der Welt erklären wollen, liegt das Anschauungsmaterial gewissermaßen vor der Schultür.

Ist vom „ewigen Eis" die Rede, so braucht man nicht zum Nordpol, sondern „nur" bis zum Dachsteingletscher mit den von Kalkstein umschlossenen Eishöhlen zu fahren. Sollen weiter, fruchtbare Ebenen und Beckenlandschaften durchgenommen werden, ist ein Ausflug ins Alpenvorland aufschlussreicher als jedes Lehrbuch. Geht es um die Entstehung der Welt, so steht mit dem Rumpfschollengebirge des Mühlviertels eine der ältesten Gesteinsformationen der Erde zur Verfügung. Zum Thema „Seenplatte" bietet sich das Salzkammergut an. Um Moorlandschaften zu erklären, muss man nicht nach Schottland, sondern nur bis ins Tanner Moor oder ins Ibmer Moor reisen. Ob unterirdische Seen oder Salzbergwerke, Flussmäander oder Höhlenlabyrinthe, ob Schluchten mit reißenden Wildbächen oder Heidelandschaften mit seltener Flora, ob kontinentale Wasserscheide oder vorzeitliche Erdstollen, Feuchtbiotope oder dicht besiedelte Stadtregionen: Es gibt fast nichts, das sich mithilfe einer Oberösterreich-Karte nicht perfekt illustrieren ließe. Sogar ein Meer haben die Oberösterreicher, wenngleich es sich dabei nur um das „Steinerne Meer" im Norden des Landes handelt.

Bevor er in allzu große Euphorie verfällt, müsste unser Geografielehrer freilich einschränkend darauf hinweisen, dass in diesem landschaftlichen Panoptikum die Weinrebe fehlt. Doch auch die war bis vor ein paar hundert Jahren im Eferdinger Becken heimisch und wurde wohl nur deshalb nicht weiter kultiviert, weil die Reblaus gar so nachhaltig daran nagte und weil die Oberösterreicher nun einmal ein Volk von ebenso leidenschaftlichen wie unverbesserlichen Most- und Biertrinkern sind. Gerade in jüngster Zeit gibt es im Lande ob der Enns jedoch wieder etliche junge und engagierter Winzer, die der Mär vom weinlosen Oberösterreich mit guten Tropfen entgegenwirken.

Oben: *Blick vom Katzenstein auf den Laudachsee*
Mitte: *Wasserfall im Rodltal bei Gramastetten*
Unten: *Granitfelsformation im Tanner Moor im Mühlviertel*

Seite 6: *Der Dachstein ist mit 2 995 Metern der höchste Berg Oberösterreichs*

Oben: *Darstellerin beim „Pflasterspektakel"*
am Linzer Hauptplatz

Mitte: *Kunstvoll geschmiedetes Eisengitter in*
der Pfarrkriche von Braunau
Unten: *Der Nachbau eines Prunkwagens in*
der Dorfanlage des Freilichtmuseums Keltendorf
Mitterkirchen

Rechts oben: *Ansicht von Hallstatt am Hall-*
stättersee

Seite 9 oben: *Die Linzer Nibelungenbrücke mit*
den beiden Brückenkopfgebäuden – ein archi-
tektonisches Relikt aus der NS-Zeit
Seite 9 unten: *Stimmungsvoller Sonnenunter-*
gang im Innviertel.

Der Geografieprofessor kann nach diesem topografischen Rundumschlag die Staffette getrost an den Geschichtslehrer weitergeben, der schon begierig darauf wartet, sämtliche historische Epochen am oberösterreichischen Beispiel zu erklären. Das fällt ihm weiß Gott nicht schwer, zumal das Land ob der Enns mit der Hallstattzeit selbst einen Beitrag zur Einteilung der Weltgeschichte geleistet hat. Es mangelt hier weder an prähistorischen Funden noch an alten Pfahlbausiedlungen des Salzkammerguts, ebenso wenig wie an römerzeitlichen Ausgrabungen in Lauriacum (Lorch), Lentia (Linz) oder Ovilava (Wels).

Keltische Opfersteine lassen sich gleichermaßen als stumme Zeugen einer höchst lebendigen Geschichte beibringen wie mittelalterliche Rüstungen, furchterregende Waffen aus der Zeit der Bauernkriege und ein ganzes Arsenal von Folterinstrumenten, wie es im Strafrechtsmuseum auf Burg Scharnstein aufbewahrt wird. An allen Ecken und Enden erzählt das Land von Schönem und Schaurigem, von Kriegen und ausgelassenen Bauernhochzeiten, von festlichen Prozessionen und finsteren Kreuzzügen, von Palästen und Kerkern, von stolzen Höfen und sinistren Räubernestern. Kurzum: Oberösterreich ist ein Land, in dem nicht nur die Gegenwart, sondern auch die Vergangenheit lebt. Auch eine „Tour de Force" durch die Kunstgeschichte braucht unser Herr Professor keineswegs zwangsläufig im alten Rom oder in Florenz zu beginnen. Keltische Fibeln und Schmuckgehänge lassen sich im Linzer Schlossmuseum ebenso besichtigen wie Grabsteine aus der Römerzeit.
Die Linzer Martinskirche ist eines der ältesten christlichen Gotteshäuser Mitteleuropas. Gotische Karner (Friedhofskapelle mit Beinhaus) finden sich so häufig wie Renaissancetürme und Wasserschlösser. Und von Barock bis zu Jugendstil und Moderne präsentiert sich das Land mit seinen prunkvollen Stiften, der ziselierten Architektur der Salzkammergutvillen und der designverliebten Linzer Gegenwartsarchitektur als veritables Museum unter freiem Himmel. Es ist jedoch keineswegs nur die klassische Hochkultur, die zwischen Dreisesselberg und Dachstein gepflegt wird. Oberösterreich ist ein weltweit anerkanntes Zentrum der Avantgarde und des Experiments, zahlreiche Entwicklungen der modernen Kunst, Literatur und Musik nahmen hier ihren Ausgang.

Es ist das Land Adalbert Stifters ebenso wie jenes Thomas Bernhards, das Land Anton Bruckners nicht minder als jenes der Ars Electronica, die Wirkungsstätte Altomontes ebenso wie jene von Christian Ludwig Attersee.

Wer Oberösterreichs Natur und Kultur auf einen Blick kennenlernen will, der besuche indessen das Universalmuseum – im 2009 um einen viel beachteten modernen Südflügel erweiterten – Linzer Schloss, das u. a. eine Dauerausstellung über Oberösterreichs Natur beherbergt. Trotz seiner weit über Oberösterreich hinausreichenden Bedeutung ist das Schlossmuseum übrigens nur eines von etlichen Linzer Weltklasse-Museen, zu denen auch das Lentos Kunstmuseum und das neue „Museum of the Future" der Ars Electronica Centers zählen.

In den vielfältigen oberösterreichischen Landschaftsformen hat sich allerdings neben einer höchst lebendigen E- und U-Kultur auch eine nicht minder facettenreiche Volkskultur am Leben erhalten, die meist noch ursprünglich und nicht, wie in manchen anderen Alpenregionen, zur ausschließlich tourismusorientierten „Folklore" verkommen ist.

Archaische Bräuche wie das „Wolf-Ablassen" in Klaffer, die Totenkopfmalerei in Hallstatt, die Bosheitsnacht im Oberen Mühlviertel oder der Glöcklerlauf von Ebensee entziehen sich jeder musikantenstadlartigen Vereinnahmung.

Und selbst neuere Bräuche wie etwa die Gamsbartolympiade von Bad Goisern oder die Gallspacher Dengel-Klangwolke beweisen, dass in Oberösterreichs Bevölkerung noch viel Phantasie und urtümliche Kraft steckt. Nicht minder große Kraft steckt freilich auch in höchst gegenwärtiger Festesfreude, wie sie alle zwei Jahre unter großer internationaler Beteiligung beim „Festival der Regionen" zelebriert wird.

Gewiss hat Oberösterreich eine spektakuläre und eine weniger spektakuläre Seite. Es ist nahezu unmöglich, sich dem Glanz der großen Stifte und dem Zauber der Salzkammergut-Seen zu entziehen.

Doch es gibt auch ein „Oberösterreich auf den zweiten Blick", für dessen Erschließung man etwas Zeit und Muße braucht. Der Weg führt in die alten Eisenstädte und Hammerschmieden des Traunviertels, in ebenso weitläufige wie unentdeckte Wälder des Hausruckviertels, in verträumte Innviertler Kleinstädte

Oben: Außenfassade des Posthofs dem Zentrum für moderne Musik und Kleinkunst in Linz

Mitte: Visualisierung bei der „Linzer Klangwolke", die alljährlich im Rahmen des Brucknerfestes, im Donaupark stattfindet

Unten: Im Linzer Brucknerhaus finden das ganze Jahr über zahlreiche klassische Konzertveranstaltungen statt

Rechts oben: „Floating Maze" – schwimmendes Labyrinth am Elisabethsee, St. Pankraz –, eine Installation des Künstlers Peter Sandbichler im Zuge des „Festivals der Regionen"

und in die auf wundersame Weise intakt gebliebenen Mühlviertler Städte und Märkte wie Rohrbach oder Haslach.

Oberösterreich ist ein Ganzes, das sich aus vier Vierteln zusammensetzt, von denen allerdings jedes einen eigenen, unverwechselbaren Mikrokosmos bildet. Es ist lediglich eine Frage der Perspektive und der persönlichen Neugierde, ob man von all den Schätzen, die Oberösterreich und seine Viertel bergen, nur ein kleines Stück oder die ganze Schatztruhe kennenlernen will.

Und erst wenn man sich diese vier Viertel in Gedanken zu allen vier Jahreszeiten vorstellen und wie ein Puzzle zusammensetzen kann, darf man behaupten, Oberösterreich wirklich zu kennen. Dann nämlich ist das oberösterreichische Paradies perfekt.

Oben: *Ausstellung in der neu renovierten Landesbibliothek am Linzer Schillerplatz*

Mitte: *Dauerausstellung „Natur Oberösterreich" im neuen Südtrakt des Linzer Schlossmuseums*

Unten: *Videoübertragung - „Linzer Klangwolke" aus dem Brucknerhaus in den Donaupark*

Links: *Detailansicht des neu errichteten Südflügel des Linzer Schlossmuseums*

STÄDTE

Linz – Kulturhauptstadt Europas

*A**m Schnittpunkt alter Handelswege gewachsen, hat die geschichtsträchtige Stadt an der Donau heute vor allem durch die „Linzer Klangwolke", das Design Center, die Ars Electronica und viele Hightech-Betriebe ein junges und dynamisches Image.*

Seit hier die erste Textilmanufaktur Mitteleuropas eröffnet wurde, hat sich Linz einen weltweiten Ruf als Zentrum von Handel, Industrie und technischem Fortschritt erobert. Ihr internationales Ansehen verdankt die Stadt Anton Bruckners, Adalbert Stifters und Johannes Keplers vor allem ihrer lebendig-traditionell und überregional geprägten kulturellen Szene und natürlich dem Status als Kulturhauptstadt Europas 2009.

Dass es Zeiten gab, zu denen das böse Bonmot kursierte, Linz würde sich bestens auf Provinz reimen, ist heute nicht mehr nachvollziehbar. Die Donau wurde in idealer Weise durch die wichtigsten am Strom liegenden Kulturhäuser in das Stadtbild eingebunden: das Brucknerhaus mit dem jährlich im Herbst stattfindenden „Brucknerfest", das Lentos Kunstmuseum, das Stifter-Haus mit seinem literarischen Leben sowie die Kunstuniversität und das Ars Electronica Center.

Die lebendige „Beislszene" der vorbildlich revitalisierten Linzer Altstadt ist beliebter Treffpunkt und Mekka für Nachtschwärmer. Darüber thront das Linzer Schloss, einst Residenz Kaiser Friedrichs III., das im Jahr 1800 durch einen Großbrand schwer beschädigt wurde. Der damals zerstörte und 2007 in moderner Architektur neu errichtete Südtrakt scheint nun wie eine Brücke aus Glas und Stahl über den Dächern von Linz zu schweben. Mit der Eröffnung dieses Südflügels 2009 birgt das Linzer Schloss das größte an einem Standort untergebrachte Universalmuseum Österreichs.

Mit seinem Selbstverständnis ist Linz heute ein riesiges Loft, ein „Big Apple" aus viel Stahl, Glas und Chrom, das unmittelbar am Fuße des Pöstlingbergs liegt.

Vorherige Doppelseite: *Nachtaufnahme des Ars-Electronica-Center in Urfahr*
Oben: *Dreifaltigkeitssäule am Hauptplatz*
Mitte: *Fotocollage zur „Linzer Klangwolke"*
Unten: *Nachtstimmung am Linzer Hauptplatz mit Blick auf die Dreifaltigkeitssäule und die Jesuitenkirche, im Volksmund „Alter Dom" genannt*
Seite 14: *Das Lentos Kunstmuseum wurde 2003 eröffnet*

Auf den Hausberg der Linzer fährt die Pöstlingbergbahn bequem für Touristen und Anrainer direkt vom Hauptplatz weg.

Ein Zentrum für Wissenschaft, Bildung, Kunst und Dienstleistung ist um den neu gebauten Linzer Bahnhof entstanden. Mit dem Musiktheater am Blumauerplatz entstand eines der modernsten Opernhäuser Europas – Oper, Operette, Musical und Ballett werden hier unter einem Dach vereint.
Nicht nur der Bau des Linzer Musiktheaters beeindruckt in seiner architektonischen Eigenart, auch das neue Verwaltungsgebäude des Landes Oberösterreich, dessen überdimensionaler Eingangsbereich an die Vorhalle eines römischen Tempels erinnert, besticht mit seiner Basaltverkleidung und der hellgrün emaillierten Glasfassade.
In Sichtweite befindet sich das 63 Meter hohe elliptische Bauwerk des sogenannten Wissensturms mit vier Panoramaliften. Der Turm mit seiner silbergrau glänzenden Rundung beherbergt die Linzer Stadtbibliothek und die Volkshochschule.

Oben: Innenansicht auf das Foyer der Landesbibliothek am Schillerplatz
Unten: Nachtansicht auf die Obere Donaulände mit dem Atelierhaus „Salzamt"

Rechts oben: Neuer Südflügel des Linzer Schlosses
Rechts unten: Eingang zum Oberösterreichischen Landesdienstleistungszentrum

Seite 17 oben: Ansicht des neuen Musiktheaters am Blumauerplatz
Seite 17 unten links: Der Wissensturm beherbergt die Linzer Stadtbibliothek und die Volkshochschule
Seite 17 unten rechts: Die im Retrolook gestaltete Pöstlingbergbahn

Ein paar Gehminuten stadteinwärts, direkt beim Schillerplatz, hat auch die Oberösterreichische Landesbibliothek ihr Aussehen im Kern des Gebäudes maßgeblich verändert. Hier verbinden sich auf harmonische Weise moderne und denkmalgeschützte Architektur. Durch die geglückte Revitalisierung der Bibliothek wurde ein Ort des Wissens geschaffen, der zum Lesen und Schmökern in einem angenehmen Ambiente einlädt.

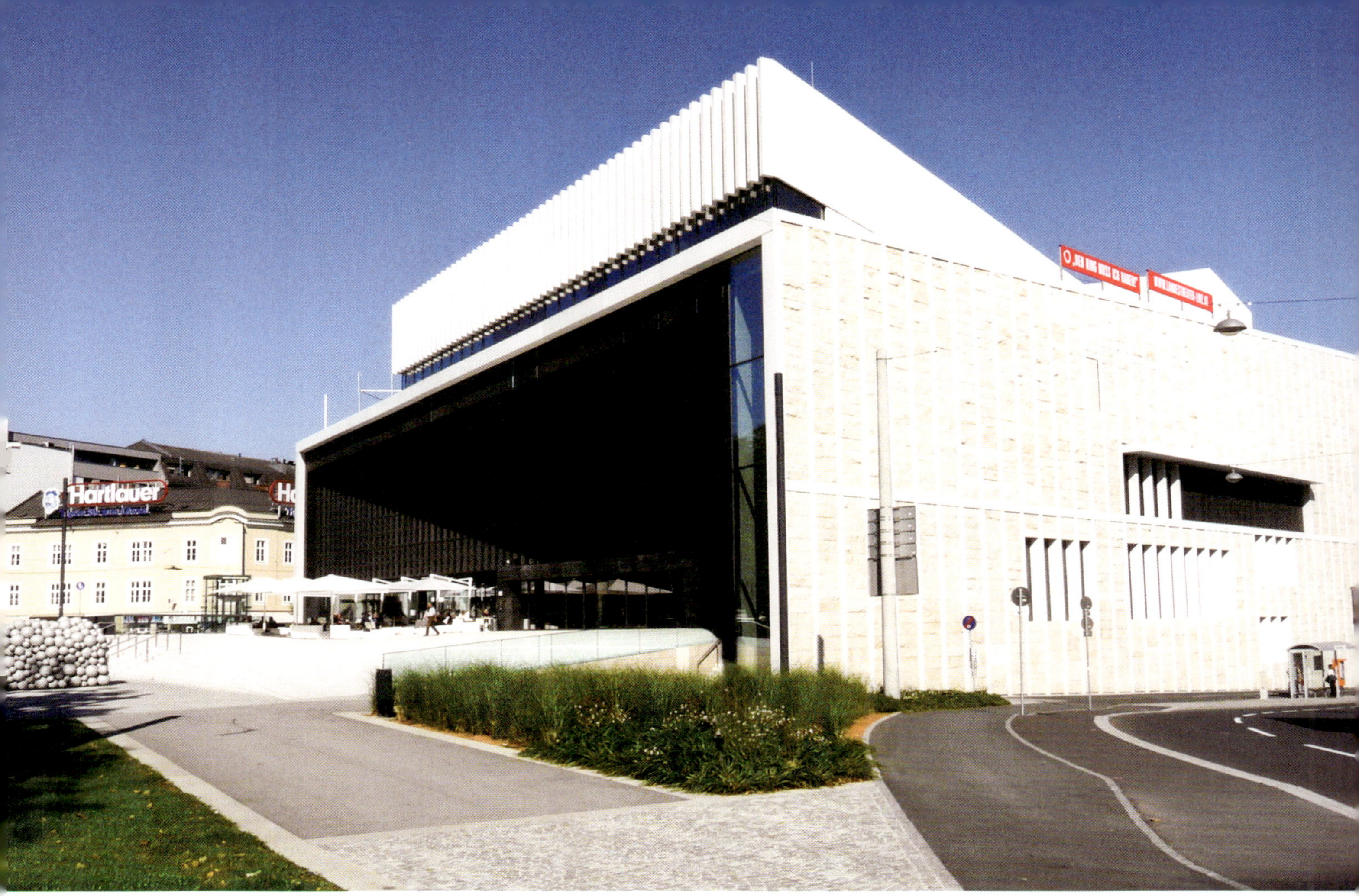
Hartlauer

Pöstlingberg
111 Jahre
501

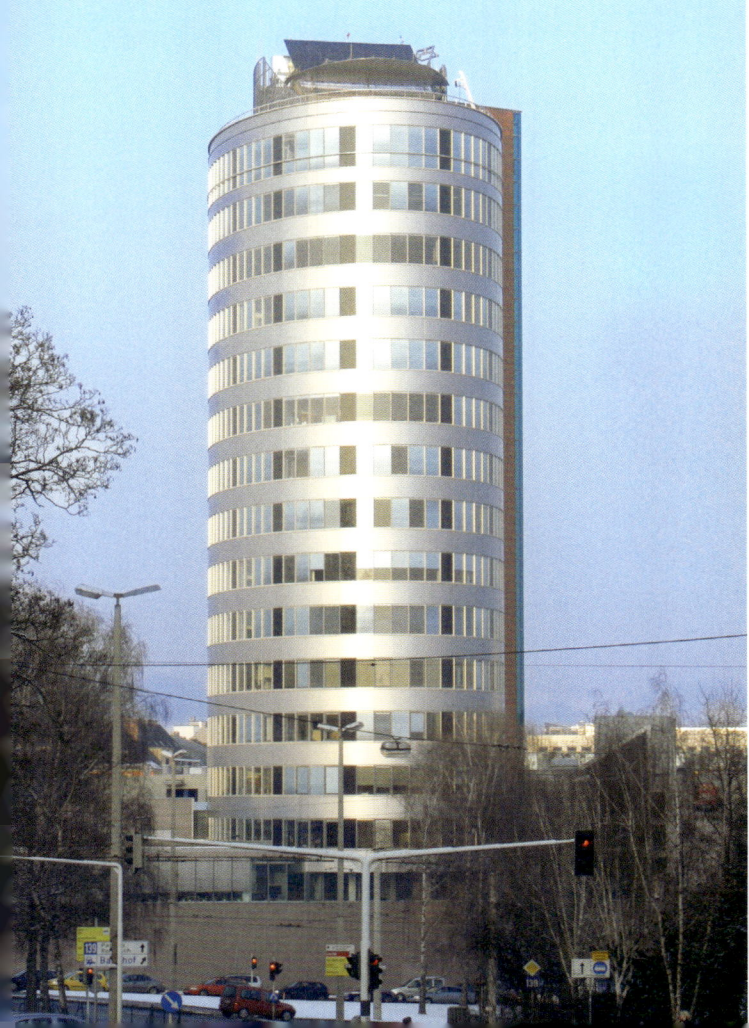

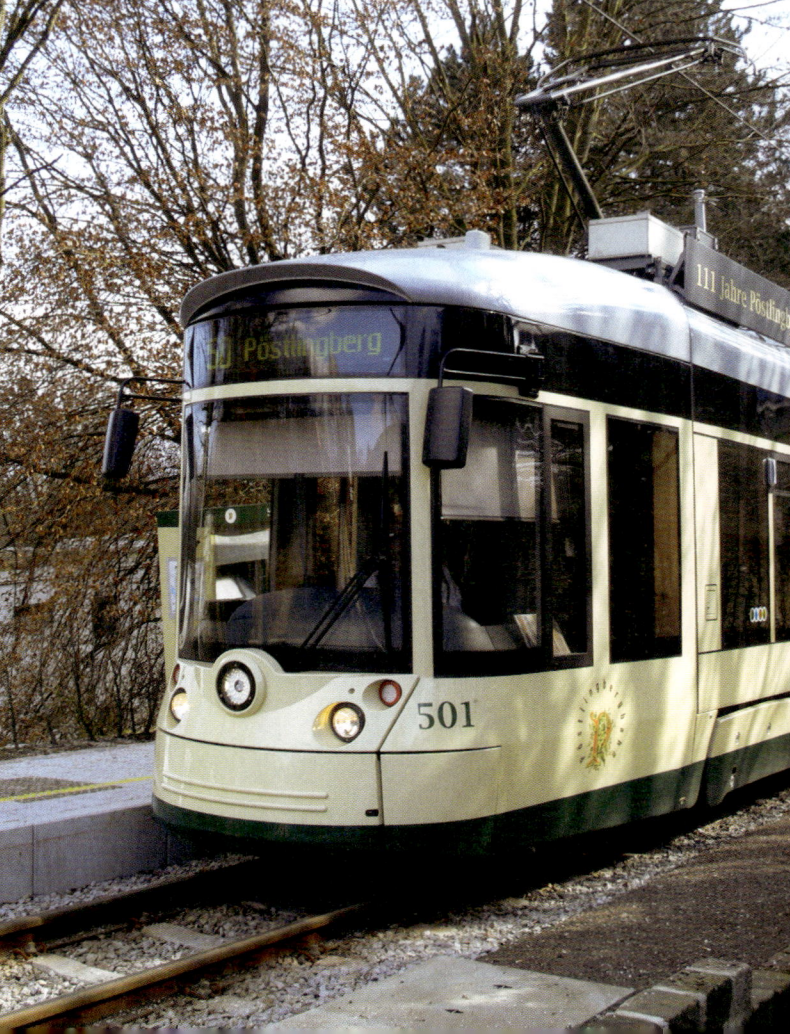

Oben: *In der Hofgasse befinden sich zahlreiche Nachtlokale, sie gilt als Zentrum der Linzer „Beiselszene"*

Mitte: *Blick auf die Wallfahrtsbasilika am Pöstlingberg*

Rechts oben: *Die Nibelungenbrücke über die Donau bei Nacht, mit Blick auf das Ars-Elect-ronica Center in Urfahr*

Rechts unten: *Als international renommiertes Ausstellungs- und Kongresszentrum gilt das Lin-zer Design Center. Die Stahl-Glas-Konstruktion des Gebäudes bildet die Form eines Kreissegments und wurde nach den Plänen von Architekt Tho-mas Herzog errichtet.*

Auch in kulinarischer Hinsicht ist man den Linzern zu Dank verpflichtet: 1619 in einer Urkunde erstmals erwähnt, gilt die „Linzer Torte" heute als eine der traditionsreichsten Mehlspeisen der Welt.

Die süße Botschafterin Oberösterreichs ist für viele ein Wahrzeichen der Stadt, ebenso wie die Dreifaltigkeitssäule auf dem großzügig angelegten Hauptplatz oder die barocke Wallfahrtsbasilika auf dem Pöstlingberg.

Am nördlichen Ufer der Donau präsentiert sich der Stadtteil Urfahr, dessen historisches Wohnviertel Alt-Urfahr West, mit mediterraner Atmosphäre zahlreiche Künstler mit ihren Ateliers beherbergt. Neben verschiedenen Szene-Kultureinrichtungen, allen voran Linzer Stadtwerkstatt, wird Urfahr mit einer alternativen Wirtshauskultur umrahmt. Zweimal jährlich im Mai und September findet der Urfahraner Jahrmarkt statt.

Architektonische Kontraste setzen das Neue Rathaus, das Ars Electronica Center, der Lentia-2000-Turm und die Anton Bruckner Privatuniversität.

Die Johannes Kepler Universität liegt in einem Campus im Grünen, wo die Hügel des Mühlviertels die nördliche Stadtgrenze bilden.

Oben: *Detail an der Fassade der Johannes Kepler Universität*
Mitte: *Nachtansicht vom Schlossberg aus auf die Donau mit der Schiffsanlegestelle, der Niebelungenbrücke und dem Ars Electonica Center, im Hintergurnd die Eisenbahn- und die VÖEST-Brücke*
Unten: *Büste des Komponisten Anton Bruckner*

Links oben: *Moderne Architektur des neuen Science Park an der Johannes Kepler Universität in Linz-Urfahr*
Links unten: *Die Anton Bruckner Privatuniversität gehört zu den international anerkannten Hochschulen für Musik, Tanz und Schauspiel*

Erlebnis voestalpine Stahlwelt

Auf dem Betriebsgelände der voestalpine kann eine außergewöhnliche Entdeckung gemacht werden. Nein, Museum wäre der falsche Begriff, die voestalpine Stahlwelt zu bezeichnen. In überaus origineller Art und Weise wird das Thema Stahl für Besucher inszeniert. Stahl prägt heute den Alltag der Menschen. Dieser Werkstoff ermöglichte neue Werkzeuge, Maschinen und Bauwerke. Er verbindet Länder und Kontinente. In der Entwicklung befinden sich immer neue Einsatzgebiete hochwertiger Stahlprodukte.

In der voestalpine Stahlwelt taucht man in eine faszinierende Welt aus Ausstellung und Architektur ein. Anschaulich, spielerisch und vor allem sehr gut nachvollziehbar wird der WEg vom Rohelement bis zum fertigen Stahlkörper dargestellt.

Die Konzeption von Architektur und Ausstellung ergibt ein einzigartiges Wechselspiel aus Wissensvermittlung und Erlebnis. Inhaltlich steht der Wertschöpfungsprozess im Vordergrund: Entlang der Bereiche Stahlerzeugung, -verarbeitung, -produkte und -erfolge bewegt sich der Besucher Ebene für Ebene durch das Gebäude. Die oberste Ebene ist dem Konzern selbst gewidmet, darüber befindet sich das Café mit einzigartigem Ausblick auf das Werksgelände und die Stadt Linz.

Stahl eröffnet im Einsatz und in seiner Verwendung nahezu grenzenlose Möglichkeiten – so auch bei der Architektur der voestalpine Stahlwelt. Trotz einer Höhe von 30 Metern, der markanten Form mit der horizontalen Auskragung vermittelt der Baukörper dank seiner geringen Breite und offenen Gestaltung Transparenz und Leichtigkeit. Von der tragenden Konstruktion des Gebäudes über die Fachwerke aus geschweißten Kastenprofilen, die Diagonalen aus geschweißten I-Träger- und die Dachträger aus Walzprofilen bis hin zur Fassade, bestehend aus einer Glaskonstruktion und Stahlblechverkleidungen – Stahl findet sich im gesamten Bauwerk wieder und verleiht in seiner Kombination mit anderen Materialien der voestalpine Stahlwelt ihren ganz besonderen Charakter.

Auf fünf Ebenen überrascht die Architektur insbesondere durch den Wechsel von unterschiedlichen räumlichen Eindrücken. Der innere Bereich des Erdgeschoßes, eine Stahlrotunde, die als besonderes Highlight einem Tiegel der Stahlerzeugung nachempfunden ist, bietet die Möglichkeit zur Einstimmung auf das Thema Stahl, während in den Etagen des anschließenden Turms Informationen und Inhalte angeboten werden.

Oben: *Eingangsbereich der voestalpine Stahlwelt*
Links: *Außenansicht voestalpine Stahlwelt*

Steyr – die Stadt der Hämmer

Wer sich auf die Suche nach der verlorenen Zeit begibt, sollte Steyr als Ausgangspunkt wählen. Hier scheint das Mittelalter Rast gemacht zu haben.

Blickt man vom hochgelegenen Tabor auf die 1 000-jährige Stadt, erschließt sich dem Betrachter ein Meer von eng zulaufenden Giebelformen, dünnwandigen Rauchfängen und pittoresken Dachfirsten.

In den Gässchen der Stadt spiegeln sich Zukunftsromantik und mittelalterliche Daseinsfreude: Geschichtsträchtigkeit, so weit das Auge reicht. Auf dem Steyrer Stadtplatz fühlt man sich in dieser an menschlichen Maßstäben orientierten Architektur geborgen. Hier steht das wohl berühmteste Bauwerk der Stadt, das „Bummerlhaus". Kunsthistoriker beschreiben es als schönstes spätgotisches Bürgerhaus des deutschen Sprachraums. Es wurde im Jahr 1497 errichtet und war früher einmal ein Wirtshaus, das einen Hund, das sogenannte Bummerl, auf dem Schild führte. Es war übrigens eines der Zentren der Reformationsbewegung: Hier hielten die Waldenser, eine Sekte der Wiedertäufer, einst ihre geheimen Versammlungen ab.

Majestätisch ragt über der „Unterstadt" die Pfarrkirche empor, die u. a. vom Erbauer des Wiener Stephansdoms, Hans Puchsbaum, geschaffen wurde. Schloss Lamberg krönt das Gesamtkunstwerk der Steyrer Altstadt. Das aus dem 18. Jahrhundert stammende Schloss steht an der Stelle der um das Jahr 980 erbauten „Styraburg".

In Steyr sollte man auch ruhig den einen oder anderen Blick hinter die Fassaden riskieren, die hier alles andere als Potemkinsche Dörfer sind: In den Steyrer Innenhöfen ergießen sich oft Blumenmeere aus duftigen Arkaden, finden sich opulente Gartenterrassen, die mitunter aus der gotischen Architektur herauszuwachsen scheinen.

Oben: *Stadtpfarrkirche Steyr und Neutor, ehemaliges Stadttor im Renaissancestil*
Mitte: *Barocker Innenhof von Schloss Lamberg*
Unten: *Der Hauptplatz mit seinen Bürgerhäusern*

Seite 22: *Das „Bummerlhaus" am Hauptplatz gilt unter Kunsthistorikern als das schönste spätgotische Bürgerhaus im deutschen Sprachraum*

Oben: *Denkmal von Josef Werndl – Waffen-
produzent und Erfinder aus Steyr*
Mitte: *Das Museum Arbeitswelt am Wehr-
graben wurde 1987 im Rahmen der Öberös-
terreichischen Landesausstellung „Arbeit –
Mensch – Maschine" eröffnet*
Unten: *Medieninstallation der Künstlerin
Valie Export im Museum Arbeitswelt*

Steyr – das bedeutet zweifellos Idylle und Biedersinn. Es bedeutet, seit Josef
Werndl die Stadt im 19. Jahrhundert zu einem Zentrum der europäischen Waf-
fenerzeugung gemacht hatte, gleichzeitig aber ebenso Industrie und Betrieb-
samkeit. Dem Pionier Werndl war es auch zu verdanken, dass Steyr 1884 die
erste Stadt Europas war, die einen elektrisch beleuchteten Straßenzug vorweisen
konnte. Von den alten Hammerschmieden spannt sich der Bogen technischen
Fortschritts über die seinerzeitigen Steyr-Daimler-Puch-Werke, ebenfalls eine
Gründung von Josef Werndl, bis zum heutigen BMW-Motorenwerk und vielen,
vor allem exportorientierten Industriebetrieben.

Steyr ist heute ein wahrscheinlich seltenes Beispiel der gelungenen Vereinigung
moderner Produktionsstätten und historischer Altstadt.

Sehenswert sind, nicht zuletzt wegen ihrer Gegensätzlichkeit, das Museum Ar-
beitswelt und das ganzjährig geöffnete Christkindlmuseum.
Um die Weihnachtszeit hat die alte Eisenstadt ja eine Besonderheit aufzuweisen.
Das weltberühmte Postamt Christkindl im kleinen Wallfahrtsort am Rande der
Stadt befördert in der Weihnachtszeit rund zwei Millionen Postsendungen aus
allen Teilen der Welt weiter.

Oben: *Der Campus Steyr gehört zu den vier Fachhochschulen in Oberösterreich. Hauptschwerpunkt in Steyr gilt der Studienrichtung Produktion und Management.*
Mitte: *Detail einer Wehranlage am Wehrgraben*
Unten: *Zusammenfluss der beiden Flüsse Enns und Steyr*

Unten links: *Ennskai mit Marienkirche des ehemaligen Dominikanerklosters – im Hintergrund Rathausturm und Stadtpfarrkirche*

Seite 24/25 oben: *Der Ennskai mit dem monumentalen Barockschloss Lamberg im Hintergrund*

Oben: *Deckenfresko im Frauenturm, ein ehemaliges Johanniterhospiz*
Mitte: *Schloss Ennsegg war ursprünglich die Ennser Burg und wurde im 16. Jahrhundert. zum Schloss umgebaut*
Unten: *Die Lorcher Basilika St. Laurenz*

Seite 26: *Der mittelalterliche Stadtturm wurde 1568 am Ennser Stadtplatz errichet*

Enns mochten schon die alten Römer

Die Stadt Enns liegt im Mündungsgebiet des gleichnamigen Flusses in die Donau und war daher schon in der Römerzeit ein frequentierter Knotenpunkt.

Die ältesten Funde deuten darauf hin, dass Enns bereits in der Steinzeit besiedelt wurde. Wo heute der Ennser Stadtteil Lorch liegt, befand sich vom ersten bis ins 5. Jahrhundert das römische Militärlager Lauriacum. Während der Zeit der Christenverfolgung soll dort der hl. Florian durch Ertränken in der Enns seinen Märtyrertod erlitten haben. Auf den Fundamenten des römischen Tempels wurde eine frühchristliche Kirche errichtet und 1344 zur noch heute bestehenden Basilika St. Laurenz ausgebaut.

Die Errichtung der Ennser Burg geht auf das Jahr 900 zurück, im 16. Jahrhundert wurde die Burg zum Schloss Ennsegg umgebaut. 1212 bekam die Stadt das Stadtrecht und ist damit die älteste verbriefte Stadt Oberösterreichs.

Als wäre er heute noch stolz auf diese Ehre, erhebt sich der Stadtturm über die Dächer. Als Uhr- und Wachturm in jener Zeit erbaut, da die Gotik schon alt und die Renaissance noch jung war, überragt er mit seinen 59 Metern die Dächer der Stadt. Von seiner Galerie aus genießt man eine perfekte Aussicht und kann sowohl die alte Ennser Burg als auch die Lorcher Basilika aus der Vogelperspektive bewundern.

Will man bei der Beschäftigung mit der Historie lieber „am Boden bleiben", so ist ein Besuch des Museums Lauriacum, mit seinen bedeutenden römischen Denkmälern, und des „Frauenturms", mit seinen gotischen Wandmalereien, unbedingt empfehlenswert.

Oben: *Christusfigur an der St. Laurenz-Basilika im Stadtteil Lorch*

Mitte: *Ausgrabung eines wahrscheinlich römischen Jupiter Tempels vom Römerlager Lauriacum in der St. Laurenz-Basilika*

Unten: *Gotisches Rosettenfenster an der Basilika St. Laurenz*

27

Wels – inmitten des Landes gelegen

Am Schnittpunkt bedeutender Straßenzüge gründeten schon die Römer Ovilava das städtische Zentrum der Provinz Noricum. Heute liegt dort die Messestadt Wels.

In modernerer Zeit gelang es, Wels zu einem wichtigen Wirtschaftszentrum auszubauen. Die Welser Messe ist eine der größten und wichtigsten Leistungsschauen in ganz Österreich.

Über so viel Ökonomie vergisst man freilich leicht, dass Wels auch noch viele andere Schönheiten zu bieten hat: Der historische Stadtkern fasziniert nicht nur durch den weiträumigen Stadtplatz mit dem Ledererturm, dem heutigen Wahrzeichen von Wels, mit seinen freundlichen mittelalterlichen Häuserfronten, sondern auch durch die vielen alten Renaissance-Innenhöfe.

Schade allerdings, dass dem Bauboom der Nachkriegszeit der Semmelturm, der dem Kaiser-Josef-Platz einen harmonischen Abschluss verlieh, zum Opfer gefallen ist.
Allerdings ist positiv zu vermerken, dass auf diesem Platz die Statue von Joseph II., dem großen habsburgischen Reformator, wieder aufgestellt wurde. Nun wissen auch die Welser, dass mit dieser Namensgebung nicht Franz Joseph I. gemeint ist.

Beeindruckend sind das Welser Rathaus mit den kunstvollen Barock-Stuckaturen sowie der Kremsmünsterer Hof und vor allem das Haus jener Salome Alt, die angeblich die berühmten „Salzburger Nockerln" für ihren Geliebten, den Salzburger Erzbischof Wolf Dietrich von Raitenau, erfunden hat.

Oben: *Innenansicht der Stadtpfarrkirche*
Mitte: *Das Wohnhaus der Salome Alt*
Unten: *Gotisches Detail am Salome-Alt-Haus*
Seite 29 oben links: *Der Ledererturm*
Seite 29 oben rechts: *Die Skulptur von Kaiser Joseph II. auf dem Kaiser-Josef-Platz*
Seite 29 unten links: *Blick uaf den mächtigen Turm der Stadtpfarrkirche*
Seite 29 unten rechts: *Ausschnitt aus dem gotisches Mittelfenster in der Stadtpfarrkirche*

Ried – heimliche Hauptstadt des Innviertels

Der Legende nach schenkte Kaiser Friedrich I., Babarossa, dem Kreuzfahrer Dietmar für seine Heldentat in der Schlacht um die Stadt Ikonia die Markschaft Ried.

Nachdem die Heeresfahne zu Fall gebracht wurde, soll Dietmar kurzentschlossen seinen Schuh ausgezogen und ihn anstelle der Fahne auf seine Lanze geheftet haben. Unter diesem Zeichen sammelten sich die Kreuzfahrer neu und konnten die Stadt erobern – so wird berichtet. Dass die Rieder mit diesem Bundschuhträger in großer Verbundenheit stehen, zeigt sich im Stadtwappen und am Hauptplatz – dort krönt die Statue des bundschuhtragenden Kreuzritters den Brunnen.

Zwischen 1779 und 1816 wechselte das Land am Inn und somit auch Ried dreimal die staatliche Zugehörigkeit zwischen Bayern und Österreich. Das mag vielleicht ein Grund sein, warum die Menschen dieses bajuwarisch geprägten Landes ein eigenes Selbstbewusstsein entwickelten.

Überregionale kulturelle Bedeutung erhielt Ried durch die Künstlerfamilie Schwanthaler. 1633 ließ sich ein Hans Schwanthaler in Ried nieder und wurde der Begründer jenes Bildhauergeschlechts, das in unvergleichlicher Weise die Kunstgeschichte prägte.

In sieben Generationen brachten 21 Bildhauer hervor. Der berühmteste, Thomas Schwanthaler, hat mit dem um 1680 entstandenen „Rieder Ölberg" in der Pfarrkirche St. Peter und Paul seiner Heimatstadt eine der imposantesten Schwanthaler-Arbeiten hinterlassen.

Unweit von Ried liegt Großpiesenham, der Geburtsort des Mundartdichters Franz Stelzhamer, der auch den Text der oberösterreichischen Landeshymne verfasste.

Heute ist Ried einmal mehr Herzstück des Innviertels, nicht nur der geografischen Lage wegen, sondern auch aufgrund seiner Bedeutung für die Wirtschaftsregion.

Oben: *Stadtwappen am Rieder Rathaus*
Mitte: *Stadtpfarrkirche St. Peter und Paul*
Unten: *Detail der berühmtesten Schwanthaler-Skulptur „Rieder Ölberg", um 1680*
Seite 30 oben links: *Franz Stelzhamer – Mundartdichter und Verfasser der Landeshymne*
Seite 30 oben rechts: *Skulptur des Kreuzfahrers Dietmar, des angeblichen Begründers der Stadt*
Seite 30 unten links: *Eigangsportal zum Rathaus*
Seite 30 unten rechts: *Alte Stadtapotheke am Hauptplatz*

Zentren der Industrie und Landwirtschaft

Zwischen dem Kobernaußerwald und dem Eferdinger Becken erstreckt sich eine Region, die vor allem durch Industrie und Landwirtschaft seit Jahrhunderten eine wesentliche Bedeutung für Oberösterreich hat.

Die Vöckla, gebildet aus mehreren Quellflüssen des Hausruckwaldes, fließt entlang der Ortschaften Frankenmarkt, Vöcklamarkt und Timelkam und ist namensgebend für die Bezirkshauptstadt Vöcklabruck.
Nach Norden hin grenzt die Stadt an die Hügel des bewaldeten Hausrucks und nach Süden öffnet sich das Tor des Salzkammerguts. Unweit von Vöcklabruck, bei Regau, mündet die Vöckla in die Ager.
Vöcklabruck gilt als die Hauptstadt des Attergaus und wurde schon im Jahre 1134 urkundlich dokumentiert. Das schmucke Städtchen mit den wuchtigen Tortürmen aus der Zeit Kaiser Maximilians I. erlangte im Jahr 1900 durch eine Erfindung große Bekanntheit: Das leichte Dachmaterial Eternit eroberte von hier aus den Weltmarkt.

Bis in die Mitte des 20. Jahrhunderts war auch der Braunkohlebergbau in den nahegelegenen Ortschaften Ampfelwang und Wolfsegg ein wichtiger Wirtschaftszweig. Heute erinnert noch das Bergbaumuseum in Ampflwang an längst vergangene Zeiten. In regelmäßigen Abständen sind Ampflwang und Wolfsegg auch Spielstätten sozialkritischen Kulturschaffens und wurden immer wieder zum Außenschauplatz von kulturellen Großereignissen wie z. B. dem „Festival der Regionen".

Wenige Kilometer entfernt liegt im Agertal an den südlichen Ausläufern des Hausruckgebirges die alte römische Ansiedlung Suanse, das heutige Schwanenstadt. Hier befand sich einst das oberösterreichische Zentrum des Leinen- und Weinhandels. Schwanenstadt ist seiner Tradition des Handels und Gewerbes

treu geblieben: Heute sind hier einige der wichtigsten Industrieunternehmen des ganzen Bundeslandes angesiedelt.

Seinen Weg vom verträumten Barockstädtchen zum Wirtschaftszentrum hat auch das etwas weiter nördlich liegende Grieskirchen gemacht. Vom Parzer Berg aus kann man sowohl die schöne barocke Stadtpfarrkirche hl. Martin als auch die ausladenden Parzer Schlossanlagen mit Wasserschloss und Landschloss bewundern. Zwei Ausflugsziele von Grieskirchen aus sind besonders lohnend: ein Abstecher ins nur sechs Kilometer entfernte Meggenhofen, wo im Sommer „Theater am Bauernhof" gespielt wird, und eine Wanderung am Trattnachufer entlang. Nach knapp zwei Stunden ist man im romantisch gelegenen Kurort Bad Schallerbach angelangt. Die Schwefeltherme mit dem dazugehörenden neu errichten Thermalhotel sind ein Anziehungspunkt für Gesundheits- und Wellness-Touristen. Gleich daneben befindet sich der Thermalwasser-Erlebnispark Aquapulco, ein beliebtes Familien-Ausflugsziel nicht nur für Oberösterreicher.

Fährt man donauwärts nach Nordosten weiter, so gelangt man in einen der interessantesten Orte dieses Gebietes – nach Eferding. Dem Nibelungenlied zufolge hielt hier Kriemhild Rast. In früheren Zeiten befand sich im Eferdinger Becken ein Weinbaugebiet. In den 1980er Jahren wurde der Weinbau im nahegelegenen Hilkering wieder aufgenommen. Johannes Kepler, der berühmte Mathematiker und Astronom, heiratete in Eferding seine zweite Frau. Die Pfarrkirche St. Hippolyt ist eine der größten gotischen Staffelkirchen des Landes und als „Dom von Eferding" bekannt. 1626 fand bei Eferding die entscheidende Schlacht des oberösterreichischen Bauernkriegs statt. Heute ist Eferding der Hauptort des Eferdinger Beckens und Agrarmetropole.

Oben: Innenansicht der Eurotherme Bad Schallerbach

Mitte: Der Schwibbogen in Grieskirchen wurde 1604 errichtet und verbindet zwei Häuser am Stadtplatz

Unten: Das Stadtwappen auf dem Rathaus der Landwirtschaftsmetropole Grieskirchen. Daneben das Landeswappen und die Jahreszahlen, an denen Grieskirchen das Marktrecht und das Stadtrecht erhielt. Darüber das Wappen Österreichs mit den Initialen des Wahlspruches von Kaiser Friedrich III. „Austriae est imperare orbi universo".

Rechts: Das Eingangsportal der gotischen Stadtpfarrkirche von Eferding

Bauernkriege im Land ob der Enns

Ein paar Kilometer nördlich von Vöcklabruck mussten 1625 die Bauern am Haushamer Feld bei Frankenburg um ihr Leben würfeln. Diese Gewaltmaßnahme der Gegenreformation war Auslöser des Bauernkriegs in Oberösterreich. An diese Schreckenszeit unter Adam Graf von Herberstorff erinnert das alle zwei Jahre aufgeführte „Frankenburger Würfelspiel" auf der größten Freilichtbühne Europas.

Als Abgeltung für nicht bezahlte Kriegsschulden verpfändete 1620 der Habsburger Kaiser Ferdinand II. das Land ob der Enns (Oberösterreich) an den bayrischen Herzog Maximilian I. Die sozialen, wirtschaftlichen und rechtlichen Veränderungen, durch Erhöhung der Abgaben an die Grundherren sowie die Entsendung katholischer Geistlicher nach Oberösterreich, um die Gegenreformation durchzusetzen, provozierten die Bauern zum bewaffneten Widerstand.

Der bayrische Herzog begann die Gegenreformation in Oberösterreich voranzutreiben und ließ 1625 in der protestantischen Pfarre Frankenburg einen römisch-katholischen Pfarrer einsetzen. In Frankenburg kam es zum bewaffneten Aufstand der Bauern und Bürger. Der katholische Pfarrer wurde verjagt und der Pfleger der Grafschaft im Schloss Frankenburg belagert. Bereits nach drei Tagen wurde die Belagerung aufgegeben, als bekannt wurde, dass der zu Hilfe gerufene bayrische Statthalter Adam Graf von Herberstorff samt einem Bataillon Soldaten im Anmarsch war. Herberstorff versprach, Gnade walten zu lassen, falls die Aufständischen ohne Wehr und Waffen zum Haushamer Feld kommen würden, dort würde er über die Rebellion Gericht halten. Unter den 5 000 zusammengetriebenen Männern wurden die 36 mutmaßlichen Anführer des Aufstandes herausgesucht. Da der Statthalter Gnade versprochen hatte, schenkte er der Hälfte der Rädelsführer das Leben, jedoch mussten sie darum würfeln. 17 Verlierer dieses Würfelspiels wurden auf der Stelle gehenkt, ein weiterer wurde auf Bitte des Pflegers der Grafschaft begnadigt. Diese drastische Maßnahme des Grafen Herberstorff erzielte allerdings nicht die gewünschte abschreckende Wirkung, sondern war der Auslöser eines sorgfältig geplanten Bauernaufstands, der im Mai 1626 losbrach. Unter der Führung von Stephan Fadinger und Christoph Zeller erhoben sich 40 000 Bauern des Landes ob der Enns und eroberten Wels, Steyr, Kremsmünster und Freistadt. Die Stadt Linz wurde belagert.

Alle drei Abbildungen zeigen Szenen aus dem „Frankenburger Würfelspiel".

Schärding – Perle des Barock am Inn

Ursprünglich von den Kelten besiedelt, wurden die Schärdinger Gegend und das Innviertel 15 v. Chr. Teil der römischen Provinz Noricum. Der Burgfelsen am Inn war Befestigungsanlage und bald entwickelte sich Schärding zum Handelszentrum, das heute ein nahezu komplett erhaltenes historisches Stadtbild in der typischen Inn-Salzach-Architektur aufweist.

Wirklich ins Schwärmen geraten Freunde von Barockarchitektur vor allem, wenn von Schärding die Rede ist. Dabei hatten es die Schärdinger nicht immer leicht, ihre besonders von den Napoleonischen Kriegen stark in Mitleidenschaft gezogenen Bürgerhäuser zu retten oder wieder aufzubauen.

Heute ist das Schärdinger Ortsbild durch vorbildhafte Sanierungsarbeit umfassend wiederhergestellt. Das Prunkstück der Stadt ist die barocke Silberzeile im Stadtzentrum. Hier wohnten einst reiche Kaufleute, die Taschen voller Silberlinge, die der Silberzeile ihren Namen gaben. Der alte Stadtplatz ist ein Musterbeispiel für Häuser mit barocken, stuckreichen Fassaden. Stolz sind die Schärdinger auch darauf, dass es ihnen – im Gegensatz zu vielen anderen Städten – gelang, ihre umfangreichen Stadtbefestigungen weitgehend zu erhalten. Und so kann der Besucher bei einem Spaziergang das 1427 entstandene Wassertor mit dem alten Pranger ebenso bewundern wie das Passauer Tor und die Kapuzinerschanze. Auf dem ehemaligen Burggelände breitet sich heute ein Park aus, in dem man zwischen alten Stein- und Mauerresten noch von jenen Zeiten träumen kann, in denen in Schärding Geschichte geschrieben wurde – wenn auch leider auf recht blutige Art. Wer mehr über diese Geschichte erfahren möchte, kommt im städtischen Museum voll auf seine Rechnung.

Im ersten Stock des Rathauses befinden sich im Rathaussaal die Fresken des österreichischen Malers Franz von Zülow mit charakteristischen Motiven der Altstadt.

Oben: *Schärdinger Rathaussaal mit Wandmalereien von Franz von Zülow*
Mitte: *Originelles Wirtshausschild*
Unten: *Stuckfassade an spätbarockem Bürgerhaus*
Seite 36 oben: *Bürgerhäuser der Silberzeile*
Seite 36 unten links: *Schmiedeeiserne Schilder am Oberen Stadtplatz*
Seite 36 unten rechts: *Blick vom Innufer auf Schärding,* darunter: *Äußeres Burgtor*

Braunau – vielschichtiges Spektrum

Urkundlich wurde Braunau 1120 zum ersten Mal unter dem Namen Prounaw erwähnt. Die heutige Bezirks- und Grenzstadt am Inn mit ihrem historischen Stadtkern kann auf eine bewegte Vergangenheit zurückblicken.

Im Mittelalter war Braunau eine bekannte Tuchmacher- und Handelsmetropole und ein wichtiges Zentrum der Innschifffahrt. Eine Vergangenheit, die man der Stadt übrigens heute noch anmerkt. Winkelige Gassengevierte mit gotischen Steilgiebeln prägen das Ortsbild mit seinen vielen alten Bürgerhäusern. Der Stadtplatz wurde leider durch den Stadtbrand 1864 in seiner ursprünglichen Form zerstört, beeindruckt aber trotz wesentlicher Veränderungen noch immer. Sehenswert sind vor allem die Braunauer Kirchen: von der im 15. Jahrhundert gebauten Stephanskirche mit ihrem 87 Meter hohen Turm bis zum alten Kapuzinerkloster, das heute als Stadttheater dient.

Besuchenswert ist auch das Bademuseum. Das Vorderbad wurde im 15. Jahrhundert errichtet und diente bis 1800 als Badehaus für die Stadtbewohner. Solch gut erhaltene Badestuben, die vom Körperkult längst vergangener Zeiten zeugen, sind in Europa nur noch wenige zu finden.

Die Tatsache, dass Adolf Hitler in Braunau geboren wurde, warf lange Zeit einen dunklen Schatten über die Stadt. 1989 wurde mit einem Granitfelsen aus dem ehemaligen Konzentrationslager Mauthausen ein Mahnmal errichtet, welches die Inschrift „Für Frieden, Freiheit und Demokratie – Nie wieder Faschismus – Millionen Tote mahnen" trägt.

Im ehemaligen Fabriksgebäude der Familie Rupert Gugg & Söhne befindet sich das Braunauer Zentrum der Gegenwartskultur. Das Programm im heutigen Gugg bietet ein breites Spektrum und reicht von Kleinkunst, Konzerten und Theater bis hin zu den Braunauer Zeitgeschichte-Tagen, die 1992 gegründet wurden und sich alljährlich mit Themen der Stadtgeschichte und Vergangenheitsbewältigung beschäftigen.

Oben: Das Kulturzentrum Gugg ist Heimstätte für Gegenwartskultur und Tagungsort der Braunauer Zeitgeschichte-Tage
Mitte: Fassade des Braunauer Rathauses mit der Figur des Stadthauptmanns Hans Staininger – der berühmt war wegen seines rund zwei Meter langen Bartes
Unten: Grafische Darstellung im Badhausmuseum – mittelalterlicher Badealltag

Oben: *Chor der Stadtpfarrkirche mit spätgotischem Netzrippengewölbe*
Unten: *Renaissance-Grabplatte an der Aussenfassade von St. Stephan*

Links: *Die spätgotische Stadtpfarrkirche St. Stephan mit ihrem 87 Meter hohe Turm – er ist einer der höchsten Kirchtürme Österreichs – wurde im 15. Jahrhundert erbaut und gilt als das Wahrzeichen der Stadt. Die Höhe des Braunauer Stadtpfarrkirchenturms wurde aufgrund eines Rechenfehlers im 19. Jahrhundert fälschlich mit 99 Metern angegeben, somit galt er lange Zeit als dritthöchster Kirchturm Österreichs.*

Freistadt – die verträumte Schönheit

Wer das erste Mal nach Freistadt kommt, wird sich des Eindrucks nicht erwehren können, dass über dieser Stadt irgendein geheimer Zauber liegen muss. Fernab jeglicher Hektik kann man tatsächlich das Gefühl haben, „landumschlossen" zu sein, sich im Schoß der Natur und doch mitten in der Stadt zu befinden.

Es ist kein Wunder, dass sich Freistadt auch bei Touristen großer Beliebtheit erfreut. In den engen Gassen dominieren die weichen Formen, die verschwommenen Konturen. Und wer die an Spitzweg gemahnenden Bilder des Freistädter Biedermeier-Malers Karl Kronberger kennt, der könnte mitunter auf die Idee kommen, ganz Freistadt bestünde aus behutsam gesetzten Farbtupfern. Reizvolle Barockfassaden geben im Freistädter Stadtbild den Ton an. Einige Innenhöfe sind mit bezaubernden Arkadengängen ausgestattet.

Wie im Märchen wirken auch die Freistädter Stadttore, das gotisch-spitzbogige „Linzertor" und das gegen Norden gerichtete, massive „Böhmertor".

Wie fest der mittelalterliche Geist im Freistädter Wesen noch verwurzelt ist, beweist, dass Freistadt die letzte österreichische Stadt mit einer „Braucommune" ist. Früher lag das Braurecht nämlich auf den einzelnen Bürgerhäusern, die sich – um gegen anderweitige Konkurrenz abgesichert zu sein – zu einer „Commune" zusammenschlossen. In Freistadt wird das Bier zwar heute zentral gebraut, doch die Brauerei gehört immer noch allen „bierigen Häusern" gemeinsam.

„Der neue Heimatfilm" nennt sich das jährlich stattfindende Freistädter Filmfestival. Der 2003 renovierte ehemalige Salzhof ist heute das Kulturzentrum der Stadt, in dem regelmäßig Ausstellungen, Konzerte und Theateraufführungen stattfinden.

Oben: *Die Landesfürstliche Freyung der Stadt*
Mitte: *Detailansicht des Piaristenhauses am Stadtplatz*
Unten: *Stadtgraben – heute Parkanlage*

Seite 40 oben links: *Das „Linzertor" – südliches Stadttor*
Seite 40 oben rechts: *Bürgerkorpsturm (1390)*
Seite 40 unten: *Stadtgraben mit Blick auf die „Braucommune Freistadt"*

SEEN UND FLÜSSE

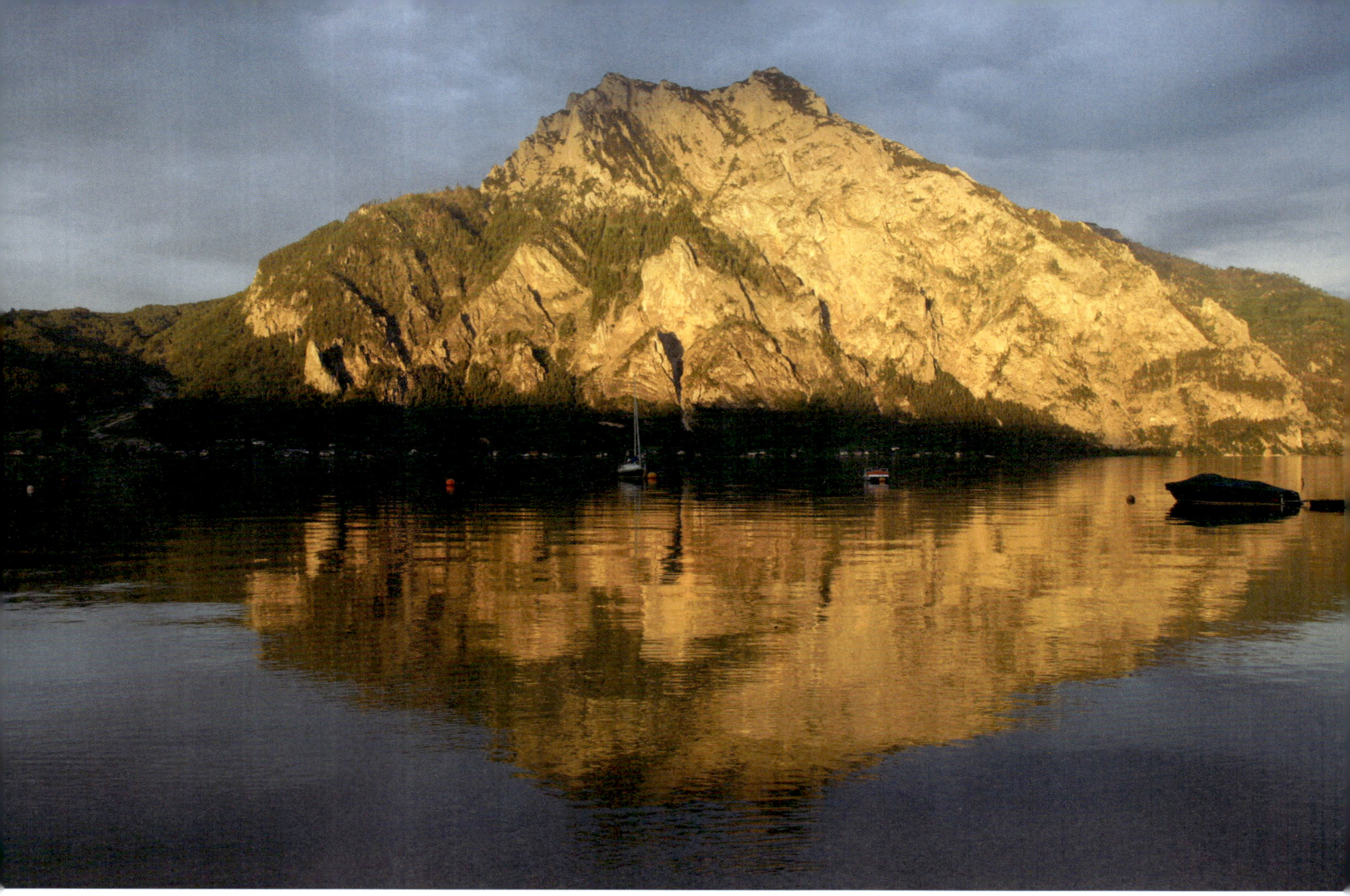

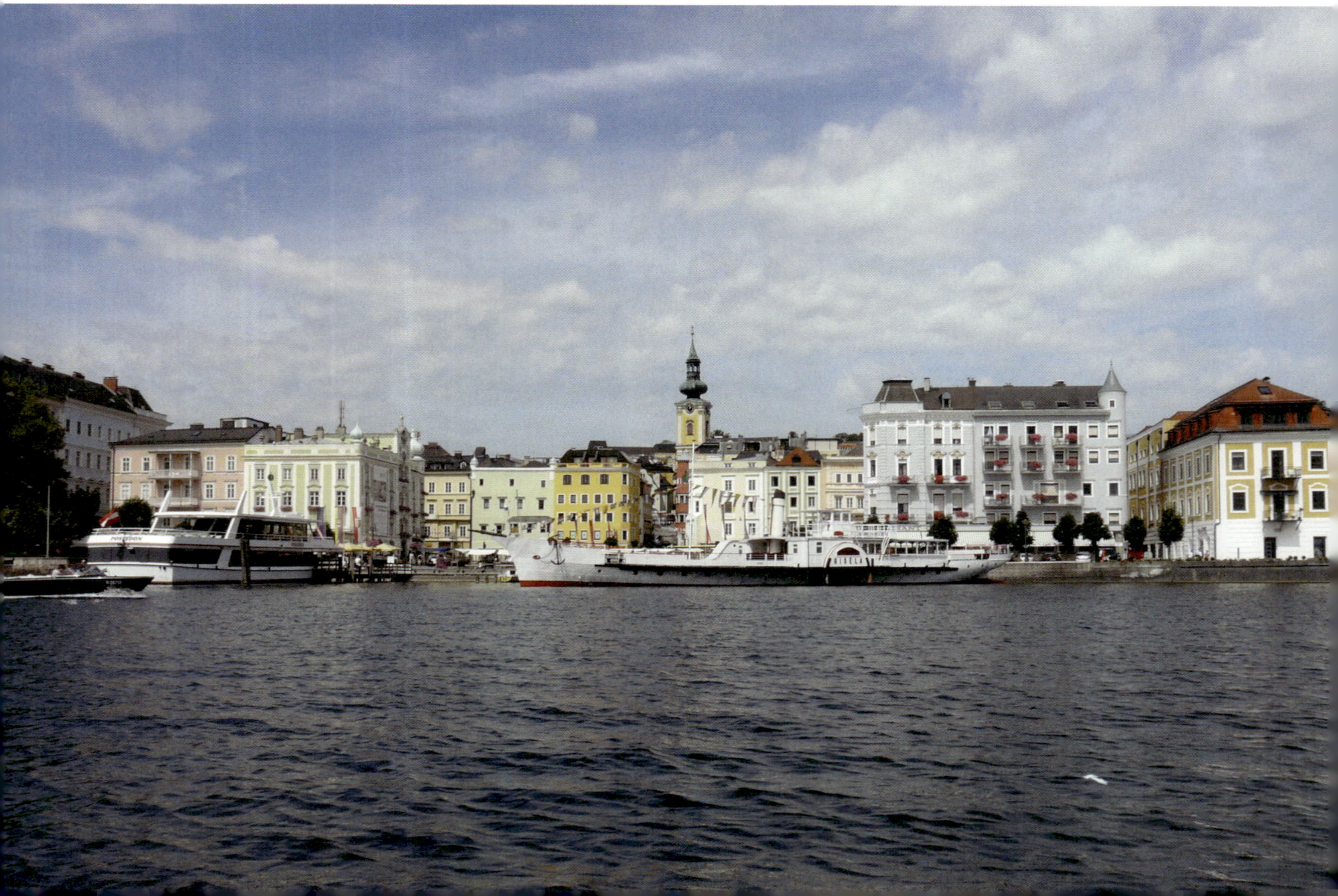

Der Traunsee – ein Traumsee

Er ist dunkelgrün bis schwarz, langgezogen und in die Land-schaft eingebettet, mit ruhiger, spiegelglatter Wasser-oberfläche, in der sich der mächtige Traunstein an klaren Tagen doppelgesichtig zeigt.

Obwohl der Traunsee das ist, was man einen typischen Gebirgssee nennen könnte, vermittelt er dem Besucher doch auch einen Hauch von südlichem Flair. Nicht von ungefähr steht im Traunsee-Hauptort Gmunden die Schloss-villa Toscana, heute ein Kulturzentrum, dessen Name Mediterranes anklingen lässt, sich aber von der Toskana-Linie der Habsburger ableitet. Beliebter Treff-punkt ist das in der Nähe befindliche Kulturcafé Lehmann.
Die einen Kilometer lange Uferallee, genannt Esplanade, verstärkt diesen Ein-druck ebenso wie das fröhliche Glockenspiel im Gmundner Rathaus, dessen Glöckchen, hergestellt aus der berühmten Gmundner Keramik, melodische Klänge ertönen lassen.

Schließlich ist Gmunden auch ein guter Ausgangspunkt für zahlreiche Wande-rungen und Ausflüge. Promeniert man etwa eine Stunde am östlichen Traunsee-ufer entlang, so erreicht man den Fuß des mächtigen Traunsteins und darf sich beim „Hois'n Wirt" mit einer Jause stärken. Bergwanderer können den Grün-berg erklimmen (Bequemere nehmen die Seilbahn) und dann zum idyllisch ge-legenen Laudachsee weiterwandern oder auf den Traunstein steigen.

Auch der Markt Altmünster ist nur einen knapp dreiviertelstündigen Fußmarsch von Gmunden entfernt. Man passiert dabei Schloss Ort, eines der schönsten oberösterreichischen Seeschlösser (siehe Kapitel „Burgen und Schlösser") und Schauplatz der beliebten Fernsehserie „Schlosshotel Orth".
Südlich von Altmünster liegt das 1020 gegründeter Kloster Traunkirchen, das sich romantisch auf eine Felskuppe schmiegt und dessen Kirche die berühmte

Vorherige Doppelseite: Blick auf den Wolfgang-see
Oben: Blick vom Kleinen Sonnstein auf Traun-kirchen mit der Felsenhalbinsel
Mitte: Glockenspiel auf dem Gmundner Rathaus
Unten: Detailansicht einer Segeljacht bei Schloss Ort
Seite 44 oben: Der Traunstein im Abendlicht
Seite 44 unten: Blick auf Gmunden vom Traun-see aus

„Fischerkanzel" beherbergt. Die Kanzel hat die Form eines mit Netzen behängten Fischerbootes und wurde 1753 von einem unbekannten Künstler geschaffen. Den Südzipfel des Traunsees, im Bergschatten des Feuerkogels, säumt Ebensee, wo jedes Jahr am 5. Januar altes Brauchtum lebendig wird: Hier findet der berühmte „Glöcklerlauf" statt, der dem „Ebenseer Fetzenzug" am Rosenmontag entspricht. Außer für die ebenso kauzigen wie furchterregenden Masken ist Ebensee jedoch auch für seine ländlichen Weihnachtskrippen bekannt, die man jedes Jahr bis Maria Lichtmess bewundern kann.

Oben: „Ebenseer Glöcklerlauf"
Mitte: „Ebenseer Fetzenfasching"
Unten: Blick vom Kleinen Sonnenstein auf Ebensee

Rechts oben: „Fischerkanzel" in derKirche des ehemaligen Traunkirchner Klosterkirche, 1753 von einem anonymen Meister geschaffen
Rechts unten: Blick von Altmünster über den Traunsee zum Traunstein

Seite 47 oben: Segelboote am Taunsee
Seite 47 unten links: Villa am Ufer des Traunsees bei Gmunden
Seite 47 unten rechts: Badespaß am Traunsee

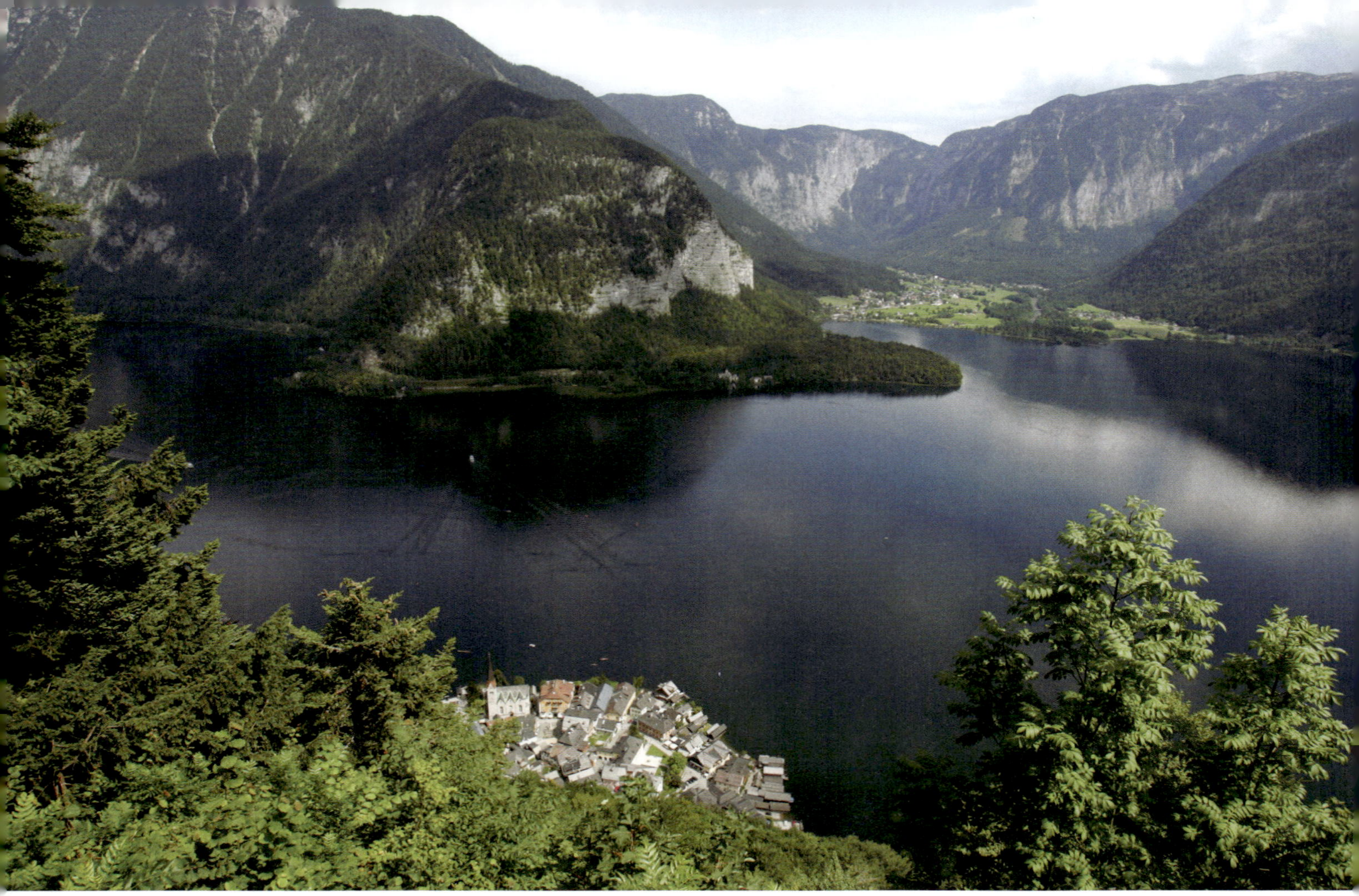

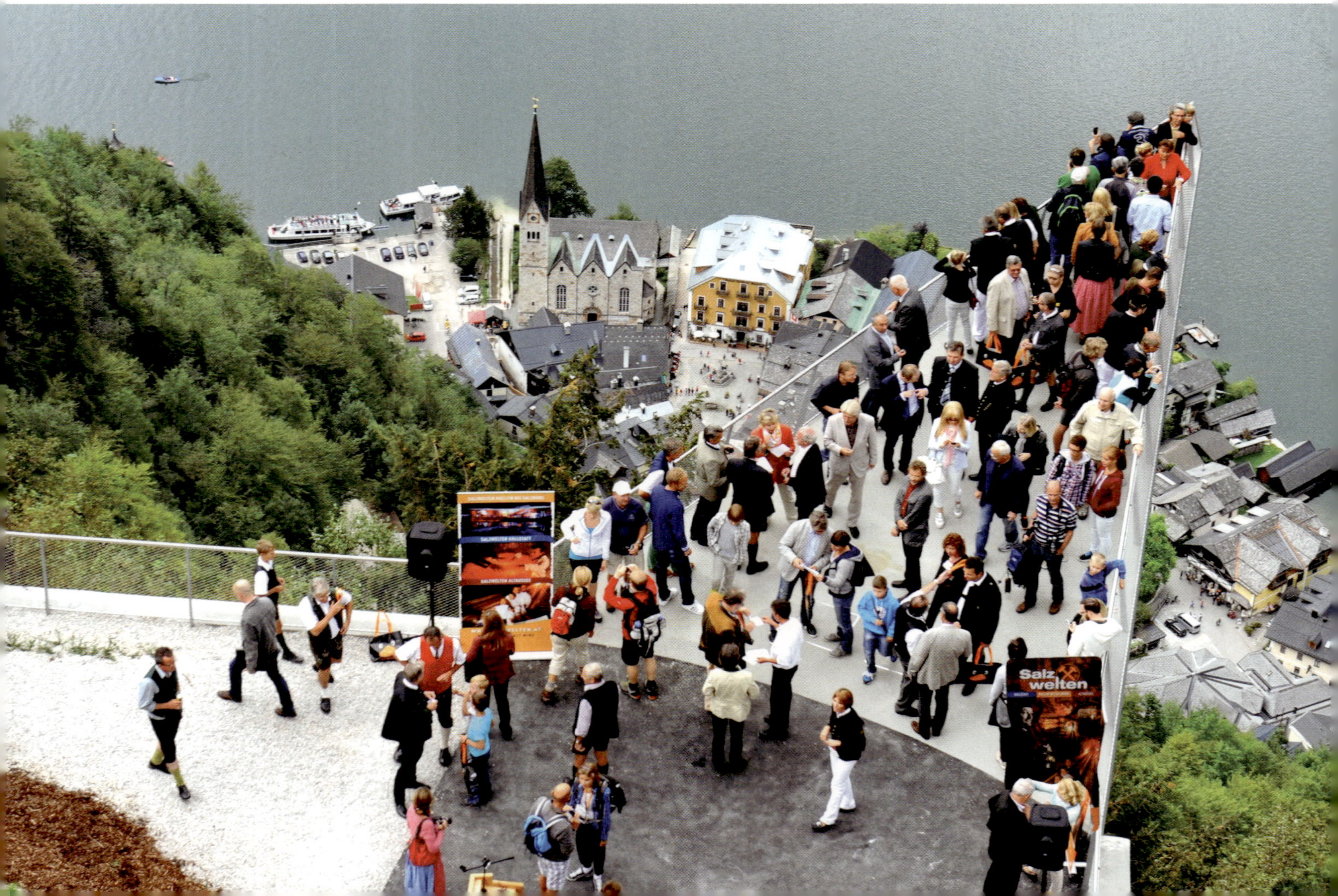
Salz
welten

Hallstatt oder die „Erfindung" des Salzes

Wenn der Traunsee die lichte, lebensfrohe Seite des Salzkammerguts repräsentiert, dann fühlt man sich am Hallstätter See ins Reich der Schatten versetzt: die Schatten einer 5 000-jährigen Vergangenheit, die mit der Kultur um das älteste Salzbergwerk der Welt verbunden sind.

Die Hallstattzeit ist auf der ganzen Welt noch bekannter als der Hallstätter See, die Schatten der Berge, unter deren Abhängen der bodenlose schwarze See liegt, und die Schatten der Waldhänge, die selbst bei Sonnenlicht nur matt erhellt sind.

Dieses Hochgebirgswasser erscheint wie die nach außen gestülpte Zwillingsschwester des unterirdischen Salzbergsees, wie ein Stück Unterwelt, das unversehens ans Tageslicht geraten ist. Und nicht ohne Grund besitzt Hallstatt den wohl pittoreskesten Karner (Friedhofskapelle mit Beinhaus) Österreichs. Da der Kirchhof längst nicht mehr alle Gebeine dieser uralten Siedlung zu fassen vermag, ist man dazu übergegangen, sie fein säuberlich zu schlichten und mit den Namen der „Besitzer" und einer kunstvollen Bemalung zu versehen. Noch heute ist in Hallstatt ein Totenkopfmaler tätig.

Auch das Ortsbild der Stadt ist ungewöhnlich. Die alten Fischerhäuser scheinen an der steilen Felswand turmartig übereinandergestaffelt zu sein. Manche dieser Häuser kann man in der Tat auch nur vom Dachstuhl aus betreten. Und mit den engen, steilen Gässchen wirkt Hallstatt wie eine nördliche Variante des ähnlich angelegten italienischen Urlaubsparadieses Cinque Terre.

Beeindruckend ist vor allem auch die alte Pfarrkirche, mit ihrem gotischen Flügelaltar, die aus dem Jahr 1181 stammt und bereits einige Male umgebaut wurde. Von hier aus hat man ein Seepanorama, wie es andernorts nur den noblen Kurhotelterrassen vorbehalten bleibt. Aber in Hallstatt ist eben so manches anders als anderswo.

Oben: *Ausflugsschiff am Hallstätter See*
Mitte: *Fronleichnamsprozession am Hallstätter See*
Unten: *Totenkopfmalerei im Beinhaus*
Seite 48 oben: *Blick vom Salzberg über Hallstatt und Obertraun in den Koppenwinkel*
Seite 48 unten: *Die Aussichtsplattform „Welterbeblick" schwebt nahezu frei in 360 Metern Höhe und ermöglicht einen einzigartigen Blick auf den UNESCO Welterbeort Hallstatt.*

49

Attersee – der Urlaubssee

*D*er Attersee stellt einen fließenden Übergang von den Alpen ins Alpenvorland dar und präsentiert sich als ideales Zentrum des Wassersports, nicht nur zum Baden, sondern vor allem auch für Segler und Taucher.

Magisch hat dieser größte Binnensee Österreichs besonders ab der 2. Hälfte des 19. Jahrhunderts das städtisch-liberale Bildungsbürgertum, den Wiener Adel und Künstler angezogen. Ihr Domizil hatten und haben hier Gustav Klimt, Gustav Mahler, Christian Ludwig Attersee, Friedrich Gulda, Felix Salten und viele andere. Der See als Sommerfrischelandschaft wurde ein Mittelpunkt kultureller und gesellschaftlichen Lebens. Auch Industrielle und Geschäftsleute aus Linz und Wien errichteten rund um den See ihr Urlaubsdomizil.

Aufgrund seiner klaren Sichtverhältnisse lockt der Attersee heute jährlich zahlreiche Tauchsportler aus ganz Europa an. Die schönsten Tauchreviere befinden sich in der Gegend zwischen Weyregg und Unterach. Durch seine guten Windverhältnisse zählt der See auch zu den belibtesten Segel- und Surfrevieren des Salzkammerguts. Alljährlich werden mehrer International hochrangige Regatten abgehalten.

Zarte, weiche Landschaftsformen, blühende Wiesen, sanfte Hügelketten und romantische Waldungen dominieren die Umgebung. Als wollte er sich darüber hinaus beim Publikum besonders einschmeicheln, erzielt der Attersee im Hochsommer sogar noch relativ hohe Wassertemperaturen. Dennoch verliert man niemals das Gefühl, im Gebirge zu sein. Dazu sind die Kulisse der Felsformationen des Höllengebirges sowie die Silhouette des Schafbergkammes in der Ferne letztendlich doch zu übermächtig.

Oben: *Wolkenstimmung vom Südufer mit Blick nach Seewalchen*
Unten: *Gustav-Klimt-Büste in Unterach, er verbrachte zahlreiche Sommer am Attersee*

Seite 51 oben: *Blick vom Schoberstein auf den Attersee und den Mondsee*
Seite 51 unten links: *Badespaß in Nussdorf*
Seite 51 unten rechts: *Bootssteg bei Schloss Kammer am Attersee*

Der Mondsee – ein kaiserliches Geschenk

*B*lickt man vom Ort Mondsee aus nach Süden, so ist die sagenumwobene Drachenwand die Grenze zum Horizont. Der Sage nach soll dort ein schrecklicher Drache gehaust haben. Seinen Namen erhielt der See allerdings wegen seiner sichelartigen Form.

Der Mondsee ist so schön, dass Napoleon ihn 1810 kurzerhand einem seiner verdientesten Offiziere, dem Marschall Wrede, schenkte. Heute ist der See längst wieder für jedermann zugänglich und das ist gut so. Er gilt nämlich als der wärmste aller Salzkammergutseen und erzielt Spitzentemperaturen bis 27°C. Im Sommer begegnet man zahlreichen Touristen aus dem In- und Ausland, die an diesem sagenumwobenen Salzkammergutsee ihren Urlaub genießen.

Warm ums Herz wird aber auch Kunstfreunden, wenn sie das ehemalige Kloster von Mondsee bewundern. 748 gegründet, ist es das älteste klösterliche Bauwerk Oberösterreichs. Die Stiftskirche gilt als jenes Gotteshaus, in dem sich der berühmte Barockbildhauer Meinrad Guggenbichler am überzeugendsten verwirklichen konnte.

Die Geschichte von Mondsee nahm freilich lange vor der Klostergründung ihren Anfang. Im Mondseer Heimatmuseum kann man zahlreiche Funde aus der Pfahlbau-Kultur um 2500 v. Chr. betrachten.

Wie tief verwurzelt die bäuerliche Kultur in diesem Gebiet ist, dokumentiert auch das Bauernmuseum mit dem „Rauchhaus", in dem alle Einrichtungsgegenstände und Gerätschaften so natürlich wirken, als wäre das Haus soeben erst von seinen Bewohnern verlassen worden.

Oben: *Blick auf die mächtigen Türme der Stiftsbasilika*
Mitte: *Inneansicht der Stiftsbasilika Mondsee*
Unten: *Weintraubenumkränzte Putti tragen die Säulen eines Seitenaltars der Stiftsbasilika*
Seite 52 oben: *Dachlandschaft mit Blick zur Drachenwand*
Seite 52 unten links: *Türme der Basilika*
Seite 52 unten rechts: *Barocke Eingangsvorhalle im Schloss Mondsee*

53

Operettenseligkeit am Wolfgangsee

Oben: Bergahorn am Bürglstein
Mitte: Blinklingmoos bei Strobl am Wolfgangsee
Unten: Zahnradbahn auf den Schafberg

Seite 55 oben: Ansicht von St. Wolfgang mit dem Seehotel Weisses Rössl
Seite 55 unten: Blick auf den Wolfgangsee mit dem Schafberg

D er Wolfgangsee ist der Mittelpunkt altösterreichischer Operettenseligkeit. Zumindest gewinnt man diesen Eindruck, wenn man den schmissigen Melodienreigen aus Ralph Benatzkys 1930 entstandener Operette „Im Weißen Rössl" lauscht.

Das gleichnamige Hotel existiert übrigens heute noch und stellt einen der Hauptanziehungspunkte des Ortes St. Wolfgang dar: Der Ausdruck „malerisch" ist für den Wolfgangsee schon so oft bemüht worden, wie ihn Touristen aus aller Welt besucht haben.

Seine kristallklare und blaugrün schimmernde Oberfläche lässt diesen See zu einem der freundlichsten Gewässer dieser Gegend werden. Die 1 732 Meter lange Zahnradbahn auf den Hausberg von St. Wolfgang, den Schafberg, ist eine verlockende Einladung, das eindrucksvolle Alpenpanorama aus der Vogelperspektive zu genießen.

Wer „Schusters Rappen" der Eisenbahnnostalgie vorzieht, kann den Schafberg auch in einem dreieinhalbstündigen Fußmarsch erobern. Aber St. Wolfgang ist auch ein bemerkenswerter Ort für Freunde der sakralen Kunst. In der Pfarrkirche befindet sich einer der berühmtesten kirchlichen Kunstschätze Österreichs: der 1481 vollendete Pacher-Altar.

Unter den Netzrippengewölben dieser frühbarocken Kirche lassen sich jedoch auch Meisterwerke von Schwanthaler und Guggenbichler bewundern. Und wer den Marktflecken mit offenen Augen durchquert, wird einen unerschöpflichen Formenreichtum von barocken Fassaden, schmucken Fenstersimsen und Giebeln vorfinden.

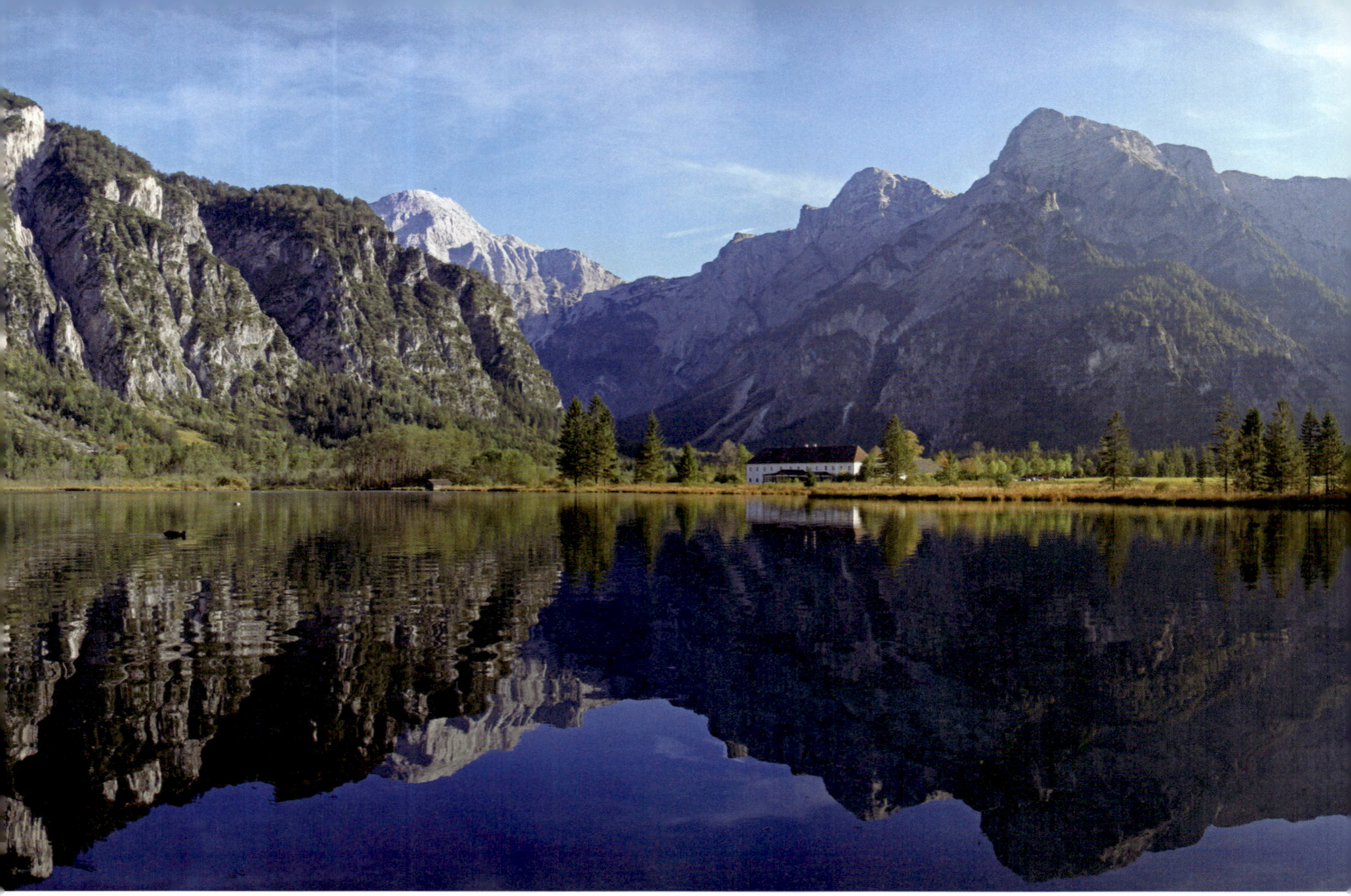

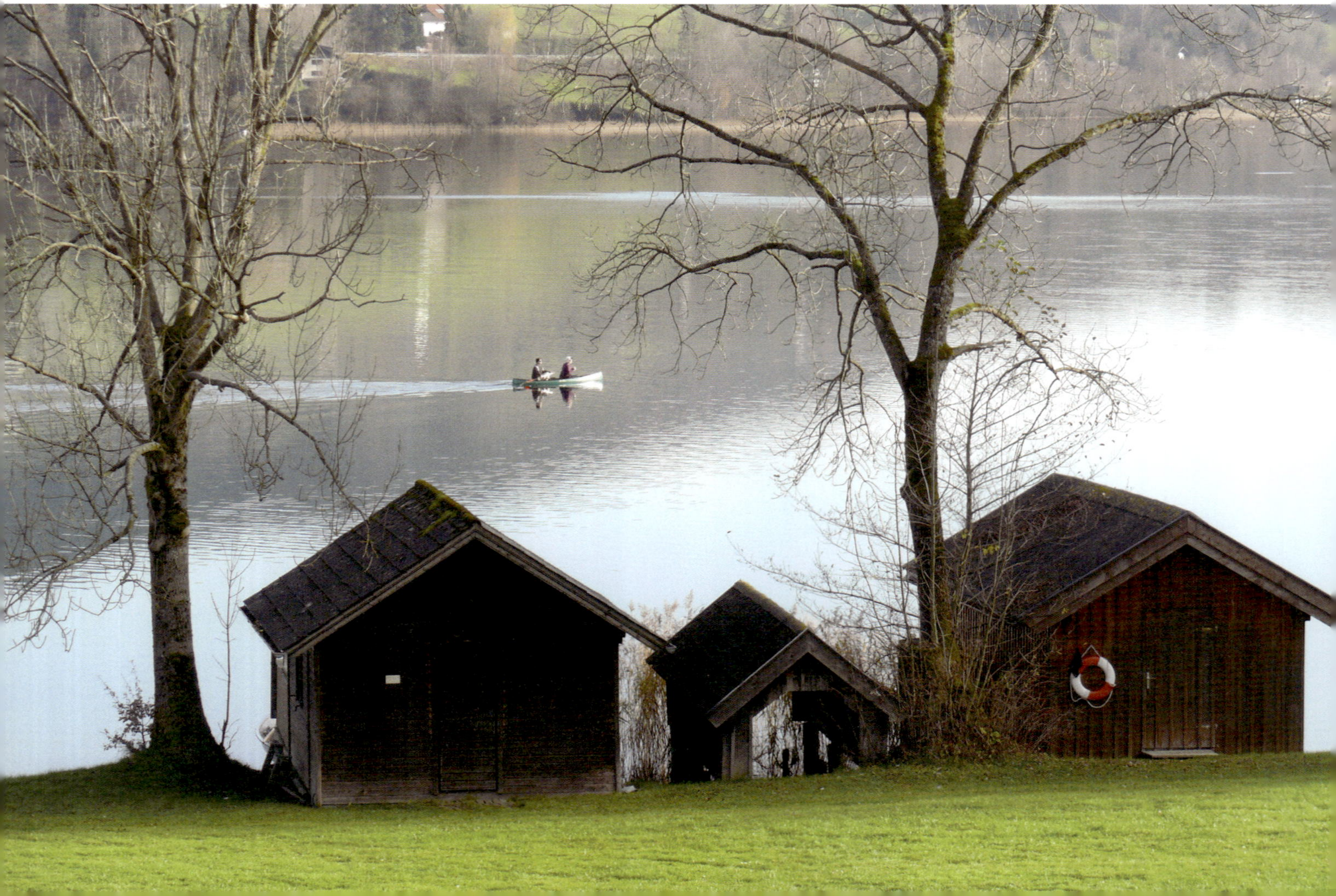

Blaue Tupfen auf der Landkarte

D avon finden sich in Oberösterreich besonders viele. Gerade die kleinen Seen gelten nämlich als spezielle Geheimtipps unter den sommerlich Ruhebedürftigen.

Mit seinen 3,5 km² kann der Zeller- oder Irrsee mit den drei großen oberösterreichischen Seen, Attersee, Traun- und Mondsee, nicht konkurrieren. Wer aber die Stille sucht, wird sich an seinem Ufer erholen und die Hektik unserer Zeit rasch hinter sich lassen können. Sänger, Dirigenten und Regisseure, die im August bei den Salzburger Festspielen gastieren, haben das längst erkannt und errichteten hier ihre Sommerdomizile.

Die beiden Langbathseen sind unberührte Gebirgsseen nahe Ebensee fernab vom Lärm des Fremdenverkehrs.

Der Vordere Gosausee ist vor allem durch seinen fulminanten Ausblick auf das Dachsteinmassiv berühmt geworden. Von ihm kann man in kurzer Zeit die Zwieselalm erreichen und von dort den Gosaukamm erwandern.

Der Offensee und der Almsee bieten unverbaute Ufer in herrlicher Naturlandschaft und lange, waldreiche Wanderwege, auf denen gestresste Städter die Seele baumeln lassen können.

Im Wildpark Grünau und am Almsee liegt die Forschungsstätte mit der Graugans-Station des 1989 verstorbenen österreichischen Nobelpreisträgers Konrad Lorenz. Das Institut ist heute ein Bildungsort für Studenten aus dem In- und Ausland.

Oben: *Fischeridylle am Zeller- oder Irrsee*
Mitte: *Altes Fischerhaus*
Unten: *Vorderer Gosausee mit Gosaugletscher – Hoher Dachstein*

Seite 56 oben: *Blick über den Almsee zum Gasthof Seehaus mit dem Toten Gebirge im Hintergrund*
Seite 56 unten: *Bootshäuser am Westufer des Zellersees*

Kultur und Freizeit an der Donau

Oben: *Detail vom Drahtseil der Donaufähre zwischen Wilhering und Ottensheim*
Mitte: *Ruderregatta am Ottensheimer Donaualtarm*
Unten: *Die Donausandinsel verlockt an schönen Sommertagen zum Baden und Sandspielen*
Seite 59 oben: *Donaufähre Ottensheim mit Bilck auf die Marktgemeinde*
Seite 59 unten: *Flugaufnahme der Donauschlinge bei Schlögen*

N *och heute künden Namen wie die Linzer „Nibelungenbrücke" vom Weg der burgundischen Heldenbraut Kriemhild zu ihrem zweiten Ehemann, dem Hunnenkönig Etzel, auch Attila genannt. Mit ihrem Tross und einigen sagenumwobenen Recken reiste sie damals die Donau hinab.*

In Oberösterreich durchfließt die Donau einige der schönsten Stellen des gesamten Flussverlaufs. Sie bildet hier den Durchbruch zwischen den Granit- und Gneisgesteinen des Böhmerwaldes. Und sie verformt sich an der „Schlögener Schlinge" zu einer von sanften Waldungen gesäumten Doppelkehre, in der der Strom kurzfristig seine Fließrichtung mächtig ändert, bevor er nach einer großen S-Schleife ins fruchtbare Eferdinger Becken weiterfließt, wo sich die Donau in Aschach zu einem Stausee von gewaltigem Ausmaß verbreitert.

Durch das Kraftwerk Ottensheim entstand 1976 der Donaualtarm, der heute zu den wichtigsten österreichischen Regattastrecken für Ruderer und Kanuten zählt. Die 2 000 Meter lange Strecke mit acht Rennbahnen ist technisch perfekt ausgerüstet und war bereits Austragungsort von Ruderweltmeisterschaften. Das Regattagebäude am Ende des Altarms beherbergt gut ausgestattete Trainingsräume für die Athleten und umfasst eine Zuschauertribüne für mehr als 6 000 Besucher. Am Gelände selbst befinden sich einige Bootshäuser, die architektonisch perfekt in die Landschaft eingepasst sind. Kein Wunder also, dass aus Ottensheim bereits einige Ruderweltmeisterinnen und -weltmeister hervorgegangen sind.
In den Sommermonaten lockt der Alt arm mit seinem natürlichen Flair auch zahlreiche Besucher aus der nahegelegenen Landeshauptstadt Linz zum Baden in die Donaugemeinde.
Rund um Ottensheim hat sich in den letzten Jahren ein regelrechtes Sport- und Freizeitzentrum entwickelt. Fahrradfahren und Inlineskaten entlang der Donau, Wasserskifahren und Wakeboarden auf den Feldkirchner Badeseen sowie der Golfsport zählen hier zu den beliebtesten Freizeitbeschäftigungen.

Oben links: *Rodlmündung bei Ottensheim und Szene aus „Die Barbaren", einem Freiluft-Wandertheaterstück*
Rechts: *Szene aus „Kulturbaden"*
Mitte: *Szene aus „Die Barbaren", einem Freiluft-Wandertheaterstück, uraufgeführt in Ottensheim und Wilhering*
Unten: *theaterSPECTACEL Wilhering – Szene aus „Der Sturm"*

Kunst und Kultur im Kehrwasser der Donau

Dort, wo die Rodl in die Donau mündet, befindet sich Ottensheim, die älteste Marktgemeinde des Mühlviertels. Eine Sage besagt, dass eine kaiserliche Prinzessin donauabwärts reiste und in Mitterau, so wurde Ottensheim früher genannt, einen Prinzen gebar, der auf den Namen Otto getauft wurde – dieser sollte später Kaiser werden. Nach ihm wurde sein Geburtsort in Ottensheim umbenannt. 1148 wurde Ottensheim erstmals urkundlich erwähnt und bereits 1228 erhielt der Ort das Marktrecht. Besonders im 19. Jahrhundert entwickelte sich der Markt zu einem Zentrum von Kunst- und Kulturschaffenden. Neben dem Altarbauer Josef Kepplinger und dem Bildschnitzer Rudolf Rabeder lebte und arbeitete auch die Orgelbauerfamilie Breinbauer. Noch heute gehört Ottensheim zu den wichtigsten kulturschaffenden Gemeinden des Landes. Neben dem Hauptsitz des „Festivals der Regionen" kann Ottensheim mit vielen kulturellen Aktivitäten aufwarten. Zahlreiche zeitgenössische Künstler und Kulturschaffende haben sich hier angesiedelt und bringen durch ihr Schaffen den Ort immer wieder ins Licht der Öffentlichkeit. Nicht zuletzt war Ottensheim 2009 mit dem Freilufttheater „Kulturbaden" ein Teilschauplatz der Kulturhauptstadt Linz. Ein heimliches Wahrzeichen und oftmals in Veranstaltungen eingebunden ist die Drahtseilbrücke, die seit 1871 für den Fährverkehr zwischen Ottensheim und Wilhering sorgt.

Gleich auf der gegenüberliegenden Seite der Donau, im spätbarocken Ambiente des Stiftes Wilhering (siehe Kapitel „Kirchen und Klöster)" hat die Gruppe theaterSPECTACEL ihre Spielstätte eingerichtet. Im ehemaligen Stadel des Maierhofes findet hier alljährlich Sommertheater statt.
Es wird angestrebt, klassische Komödien für das Heute zu deuten und künstlerischen Anspruch mit Unterhaltung zu kombinieren. Dabei wird auf professionelle Besetzung in allen künstlerischen Bereichen gesetzt. In Zusammenarbeit mit Komponisten, bildenden Künstlern, Musikern, Bühnenbildnern und Kostümbildnern entstehen Theaterproduktionen auf hohem Niveau.

Zwischen der Stiftskirche Wilhering und dem – mit ihr durch die alte Donau-fähre bzw. Drahtseilbrücke verbundenen – Ort Ottensheim erreicht die Donau, gesäumt vom grünen Kürnberger Wald und den südlichen Ausläufern des Mühl-viertels rund um den Pöstlingberg, das Linzer Becken.

Ab Mauthausen, wo die berüchtigte „Todesstiege" und das ehemalige Konzen-trationslager an das Grauen des Dritten Reichs erinnern, bildet der Fluss die natürliche Landesgrenze zwischen Ober- und Niederösterreich. Beim Markt Ar-dagger durchbricht sie alte Schiefergneise und gelangt schließlich in den Stru-dengau.

Einer der letzten größeren oberösterreichische Orte an der Donau ist Grein, ein echtes städtebauliches Kleinod, über dem majestätisch das Schloss Greinburg thront. Grein wurde um 1147 erstmals als „Grine" erwähnt und vieles erinnert hier noch an das Mittelalter.

Berühmt ist Grein auch für eine Kostbarkeit aus der Theatergeschichte: für das älteste, heute noch genützte Stadttheater Österreichs, ein intimes Rokokothea-ter aus dem Jahre 1791, in dem es – ganz stilecht – sogar noch „Sperrsitze" gibt (siehe auch Kapitel „Burgen und Schlösser").

Der Verlauf der Donau zwischen Passau und Grein ist eine beliebte Ausflugs-strecke. Touren auf dem hervorragend ausgebauten Donauradweg zählen seit Jahren zu den populärsten Freizeitvergnügen in Oberösterreich, die auch vom internationalen Puplikum hoch geschätzt werden.

Oben: *Die „Todesstiege" im ehemaligen Konzentrationslager Mauthausen – Häftlinge mussten mehrmals täglich Granitblöcke über die 186 Stufen nach oben schleppen – war Ort zahlreiche Unfälle und Morde*

Mitte: *Die 1900 erbaute Eisenbahnbrücke gilt als die älteste noch bestehende Brücke von Linz*

Unten: *Der Donauradweg zwischen Passau und Wien ist der meistbefahrene Radweg Europas – bis zu 300 000 Radfahrer befahren jährlich die Strecke*

Links oben: *Freizeitgelände an der Donaulände in Linz-Urfahr*

Links unten: *Bilck über die Donau auf die Stadt Grein mit Schloss Greinburg*

Der Inn gehört uns nicht allein

*D*er Fluss, der dem Innviertel seinen Namen gibt, gehört den Oberösterreichern keinen einzigen Meter lang allein: Sie müssen ihn mit den deutschen Nachbarn brüderlich teilen, bis er sich bei Passau mit der Donau vereinigt.

Die Innviertler sind in ihrem Wesen den Bayern verwandt, mit denen sie lange Zeit gemeinsam regiert wurden. „Raue Schale, weicher Kern", so könnte man beide charakterisieren.

Neben den Innviertler Bezirkshauptstädten Braunau, Ried und Schärding (siehe Kapitel „Städte"), ist vor allem der alte Markt Obernberg erwähnenswert, der 1160 erstmals als Sammelplatz mittelalterlicher Salzschifffahrt erwähnt wurde. Mit seiner gotischen Pfarrkirche „Hl. Abendmahl des Herrn" und den Stadttoren aus dem 11. und 12. Jahrhundert und prächigen Rokoko-Häusern hat sich Obernberg auch einen Namen als Fremdenverkehrsort gemacht.

Wer sich in dieser Gegend aufhält, sollte auch nicht versäumen, das Domizil eines der hintergründigsten und interessantesten Künstler dieses Bundeslandes zu besuchen – in Zwickledt, nur 6 Kilometer nordöstlich von Schärding, steht das kleine „Kubin-Schlössl", in dem der Maler, Grafiker und Dichter Alfred Kubin (1877–1959) einen großen Teil seines Lebens verbracht hat. Die Arbeitsräume des Künstlers sind seit seinem Tod unverändert geblieben.
Und wenn man die imposante Bibliothek Kubins betritt, gelingt einem ein etwas tieferer Einblick in das Schaffen des großen Grenzgängers zwischen Traum und Wirklichkeit.

Nicht weit entfernt, liegt angenehm eingebettet in die Innviertler Landschaft eine der modernsten Wellnessoasen Oberösterreichs, die Therme Geinberg. Entspannung pur verspricht die großzügige Thermalwelt mit über 3 000 m² Wasserfläche.

Oben: *„Alfred-Kubin-Schlössl" in Zwickledt*
Mitte: *Marktplatz mit Brunnen von Obernberg*
Unten: *Barocke Fassade der Apotheke zur Hl. Jungfrau in Obernberg am Inn*

Seite 62 oben: *Festung Wernstein am Inn*
Seite 62 unten links: *Abenddämmerung am Inn bei Obernberg*
Seite 62 unten rechts: *Therme Geinberg – die Wellnessoase im Innviertel*

Die Traun – Fluss durch die Vergangenheit

S chon in ihrem Ursprungsgebiet sorgt der „Wassermann vom Grundlsee" dafür, dass die Traun sagenumwoben ist. Sie fließt in der Tat durch geschichtsträchtiges Gebiet, bis sie schließlich bei Linz in die Donau mündet.

Oben: *Detailansicht im Garten der Kaiservilla*
Mitte: *Konditor in der Traditionskonditorei Zauner in Bad Ischl*
Unten: *Typische Bad Goiserer Tracht*

Seite 65 oben: *Die Kaiservilla in Bad Ischl war das Sommerdomiziel von Kaiser Franz Joseph I. Ein gern gesehener Gast war unter anderen auch der Musiker Anton Bruckner.*
Seite 65 unten: *Innenansicht der Kaiservilla*

Ohne die Traun gäbe es kein Salzkammergut und nur wenige Salzkammergutseen. Schließlich speist sie sowohl den Hallstättersee als auch den Traunsee.

Doch die Traun muss auch „magische Kräfte" besitzen: Wie sonst hätten sich entlang ihres Flusslaufes so viele Kurorte einnisten können? Angefangen vom steirischen Nobelkurort Bad Aussee bis hin zu Bad Goisern gleich hinter der Landesgrenze und Bad Ischl.

Hier findet jedoch nicht nur die jodhaltige Schwefelquelle mit ihren Solebädern, Schlammpackungen und Inhalationen Zuspruch, sondern vor allem auch die wildromantische Bergwelt: Bad Goisern zählt zu den beliebtesten oberösterreichischen Wandergebieten.

„Der" Kurort des Trauntals schlechthin ist freilich Bad Ischl. Hier hat Kaiser Franz Joseph nicht nur den umstrittenen Ausspruch getan: „Wenn die Monarchie untergehen muss, soll sie wenigstens anständig untergehen." Hier hat er auch den Aufruf „An meine Völker" ergehen lassen, der den Ersten Weltkrieg und damit die Totenglocken der Monarchie in Bewegung setzte.

Dennoch – oder gerade deswegen – ist Bad Ischl bis heute eine besonders lebensfrohe Stadt geblieben.

Man verkostet in der Kurkonditorei Zauner die Köstlichkeiten des k. u. k. Mehlspeisenhimmels. Man besichtigt die alte Kaiservilla im Jainzenpark und bewundert das karge Stahlbett und die Pfeifensammlung des Soldatenkaisers Franz Joseph.

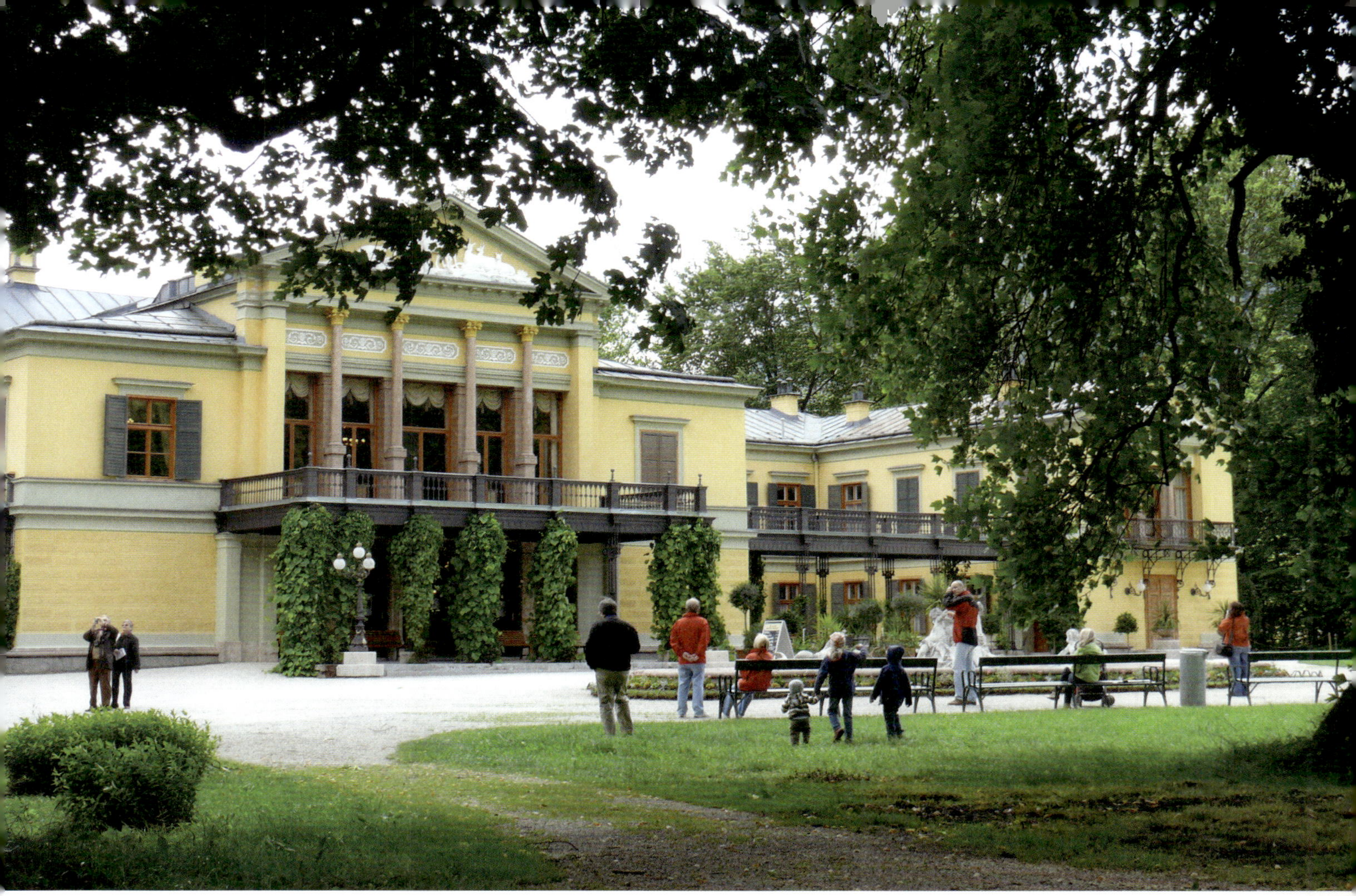

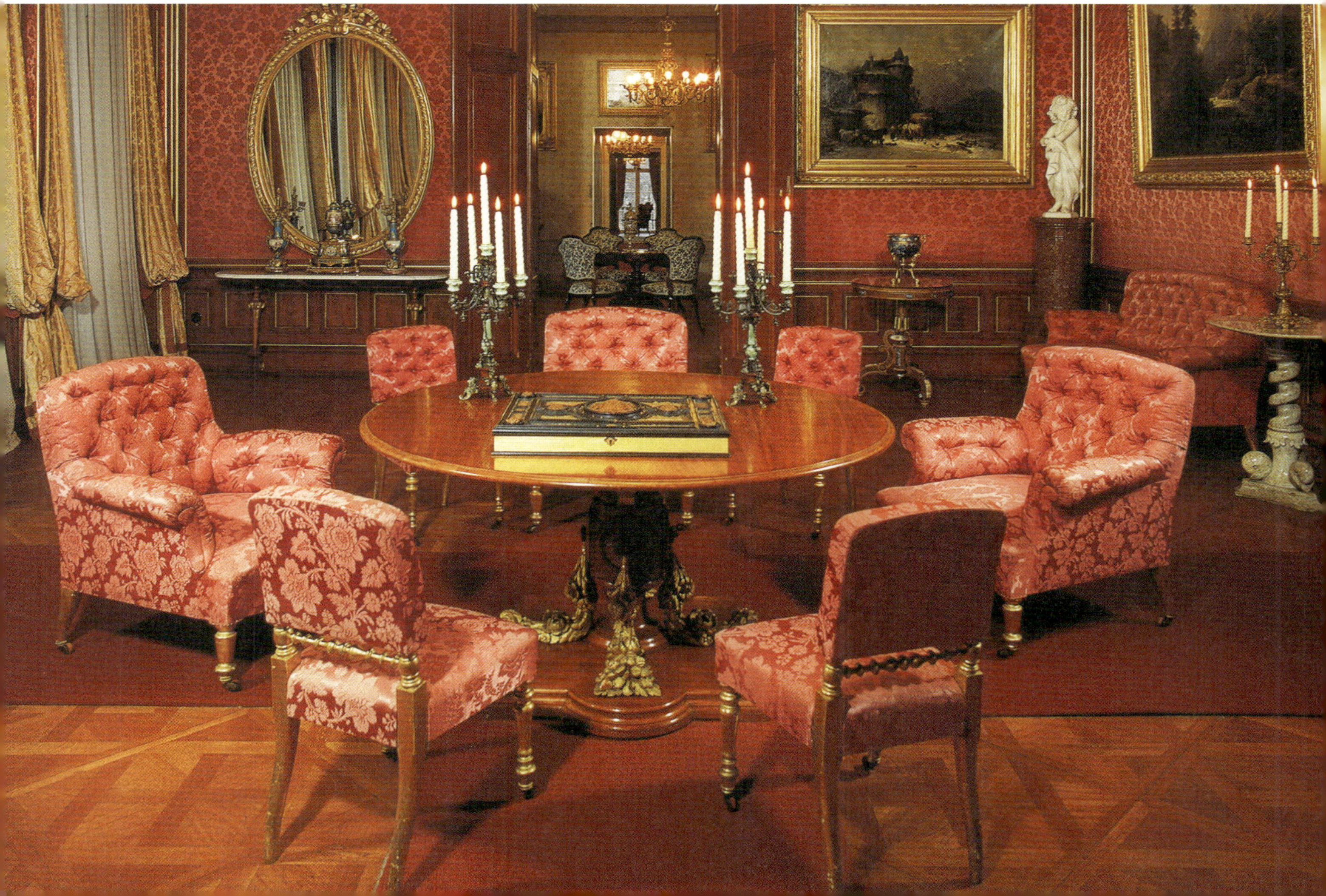

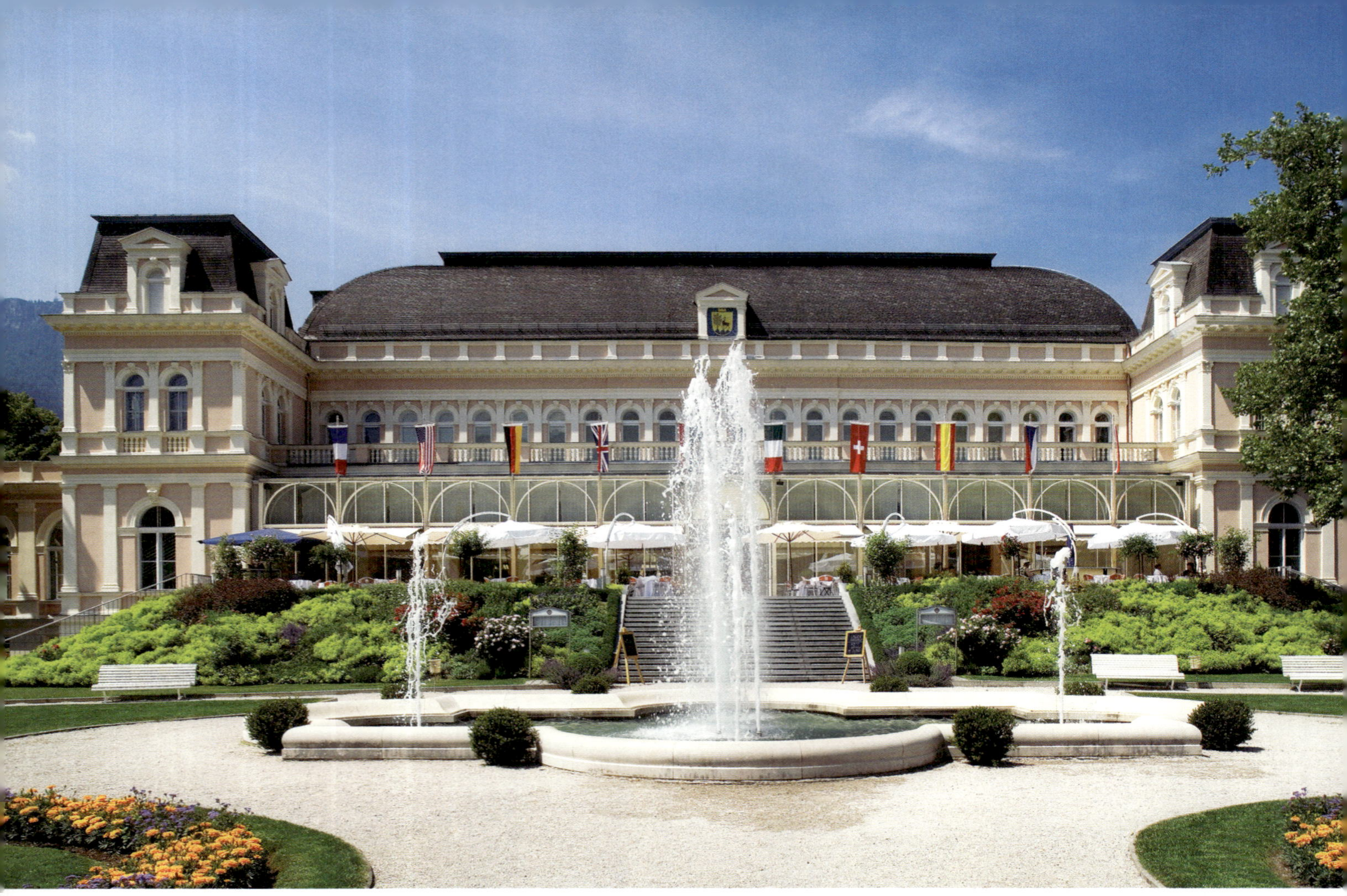

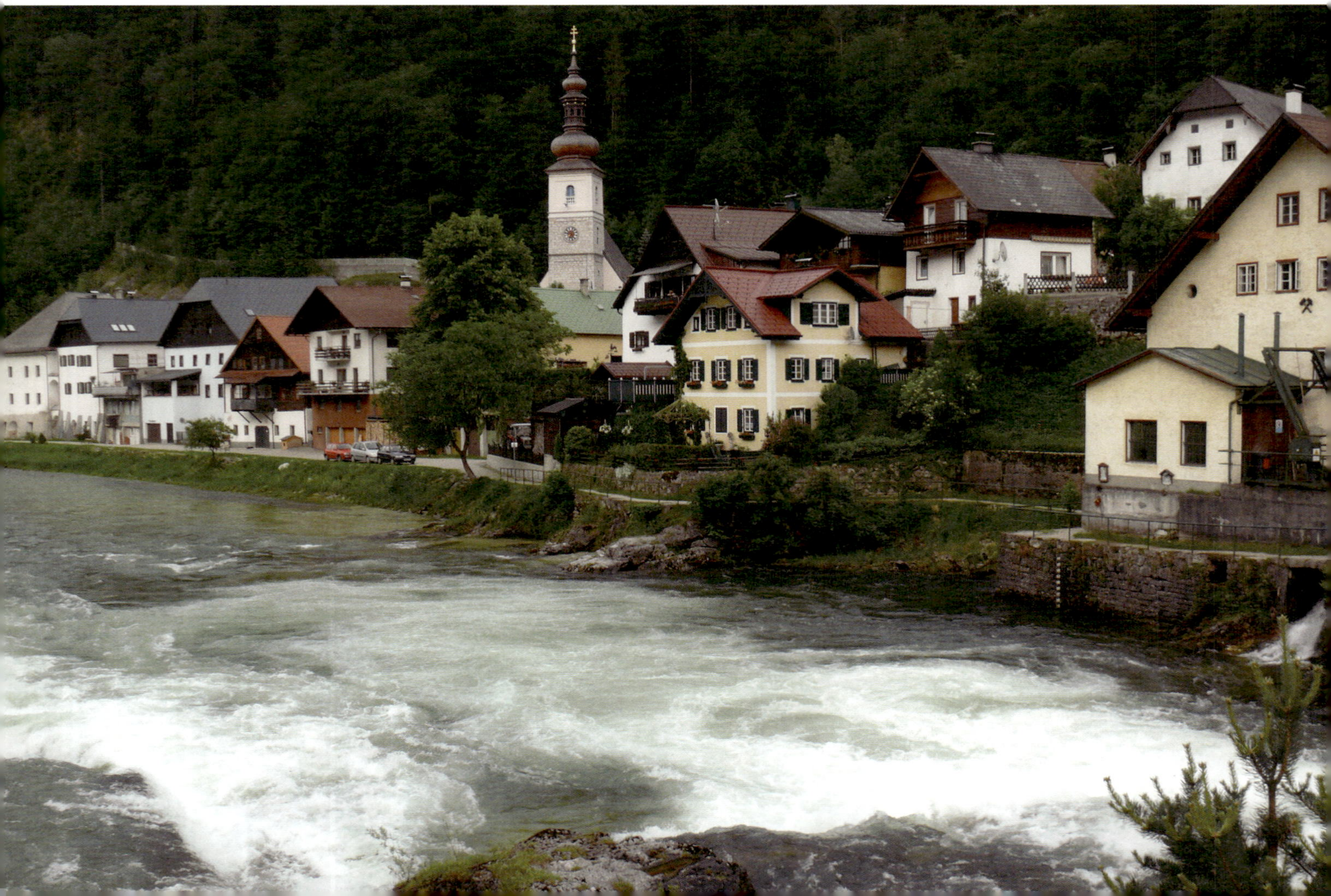

Man spürt die Nostalgie förmlich zwischen architektonischen Orgien in Kaiser-
gelb. Und man ehrt Franz Lehár, der hier seine schönsten Operetten geschrieben
hat, nicht nur in der zum Museum umgestalteten Lehár Villa, sondern auch bei
den jährlich stattfindenden Operettenfestwochen.

Mit seinen modernst renovierten Kurhaus ist Bad Ischl auch noch ein wahrer
Jungbrunnen für Herz und Kreislauf, gegen Rheuma, Frauenleiden sowie Leber-
und Gallenerkrankungen.
Und wer den Kurmitteln nicht vertraut, der kann auf den zahlreichen Wander-
wegen zwischen dem Nussensee und der Franz-Josephs-Warte tief Luft holen.

*Oben: Die Lehár Villa in Bad Ischl ist heute
auf Wunsch von Franz Lehár als Museum zu
besichtigen.
Unten: Wasserrad im Mühlkanal der Traun
bei Wels, errichtet von den Künstlern Arno
Jungreithmeier und Wolf Eiselsberg
Links: Fischleiter am Kraftwerk Traunfall bei
Roitham*

*Seite 66 oben: Die Kurhaus in Bad Ischl dient
heute u. a. auch als Operettenbühne
Seite 66 unten: Ortsansicht von Lauffen an der
Traun – Lauffen liegt einige Kilometer südlich
von Bad Isch, sehenswert ist die nahegelegene
Wallfahrtskirche Maria im Schatten*

Im Tal von Krems, Enns und Steyr

Die drei Flüsse fließen fast parallel und nehmen letztendlich direkt oder indirekt alle denselben Weg in die Donau. Und noch eines haben Krems, Enns und Steyr gemeinsam: Ihre Flusstäler zählen zu den landschaftlich reizvollsten Gebieten Oberösterreichs.

In ganz besonderem Maße gilt das für das Steyrtal. Dieser Nebenfluss der Enns ist nur 58 Kilometer lang und entspringt beim Berggasthof Baumschlagerreith bei Hinterstoder. Ihre schönste Wegstrecke durchfließt die Steyr bei Molln, einem kleinen Erholungsdorf, das vor allem für seine Maultrommelherstellung bekannt ist.

Nur sechs Kilometer südwestlich von Molln beginnt der Steyrdurchbruch, wo der Fluss in einer wildromantischen Erosionsschlucht einen sturzbachähnlichen Verlauf nimmt.

Die romantisch-nostalgische Steyrtal-Dampfeisenbahn fährt von Steyr bis Grünburg – Blumenpflücken ist während der Fahrt verboten! – und eignet sich hervorragend für einen Familienausflug.

Eine der schönsten und gut ausgebauten Radstrecken führt auf der alten Trasse der Steyrtalbahn von Grünburg bis Klaus. Hier radelt man entlang der wildromantischen Steyr, die mit scheinbar unberührten Plätzen immer wieder zu einer Rast und im Sommer zum Eintauchen in das eiskalte Wasser einlädt.

Als Geheimtipp gilt auch die in entgegengesetzte Richtung etwas abenteuerliche Reise auf der Steyr. Wer die nötige Ausrüstung zum Wildwasserpaddeln besitzt und einige Erfahrung hat, setzt beim Kraftwerk Agonitz sein Boot ein und paddelt durch wunderbar zerklüftete Schluchten mit einigen Stromschnellen der Kategorie 3 bis nach Grünburg zurück – Anfänger haben hier allerdings nichts verloren.

Oben: *Die wildromantische Steyr zwischen Grünburg und Agoritz*
Mitte: *Maultrommelherstellung in Molln*
Unten: *Herbstlicher Laubwald bei Hinterstoder*
Seite 68 oben: *Blick von Hinterstoder auf die gigantische Spitzmauer*
Seite 68 unten links: *Haltestelle der Steyrtalbahn in Grünburg*
Seite 68 unten rechts: *Traditionelle Sensenschmiede*

Im Verhältnis zur kurzen Steyr nimmt sich die 320 Kilometer lange Enns geradezu wie der Mississippi aus. Entlang dieses Flusstals verläuft die alte „Eisenstraße", auf der das am steirischen Erzberg abgebaute Rohmaterial seiner weiteren Verwendung in den Hammerschmieden der Eisenwurzen zugeführt wurde. Das Ennstal ist daher ein Gebiet mit außerordentlicher Vergangenheit.

Über seine kulturellen und wirtschaftlichen Traditionen kann man sich im Enns- und Flößermuseum zu Weyer einen guten Überblick verschaffen. Im Mittelalter war der Ort als „Güldenes Märktl" bekannt. Davon zeugen die gotischen Herrenhäuser, die reizvollen Arkaden und Marktbrunnen sowie die „Taverne", seinerzeitiger Hauptumschlagplatz des Eisenhandels.

Westlich des Ennstals bildet das Reichraminger Hintergebirge mit dem Sengsengebirge seit 1997 den Kern des Nationalparks Kalkalpen, eines 21 000 Hektar großen Naturschutzgebietes.

Der Flusslauf der Krems wird von zahlreichen Burgen und Schlössern gesäumt. Der Hauptort dieses Tales ist Kirchdorf an der Krems, von wo aus sich zahlreiche Ausflüge in die nähere Umgebung anbieten.

In Micheldorf etwa kann man sich im Sensenschmiedemuseum einen Überblick über die Geschichte der Eisen- und Stahlerzeugung verschaffen. Das Kremstal ist übrigens eng mit dem Verlauf der Pyhrnbahn verwoben. Sie führt in eines der populärsten oberösterreichischen Wintersportgebiete zwischen Windischgarsten, Spital am Pyhrn und Hinterstoder, dem Austragungsort von Skiweltcuprennen.

Oben: *Blick von Hinterstoder auf die Spitzmauer*

Unten: *Die nostalgische Steyrtalbahn fährt von Steyr nach Grünburg*

Rechts: *Bergbauern bei der Heuarbeit in Molln*

Seite 71 oben: *Das Kraftwerk Steyrdurchbruch – ein Beispiel für gelungene Industriearchitektur im Jugendstil (1907–1908)*

Seite 71 unten links: *Der Schiederweiher bei Hinterstoder*

Seite 71 unten rechts: *Naturlandschaft Steyrdurchbruch*

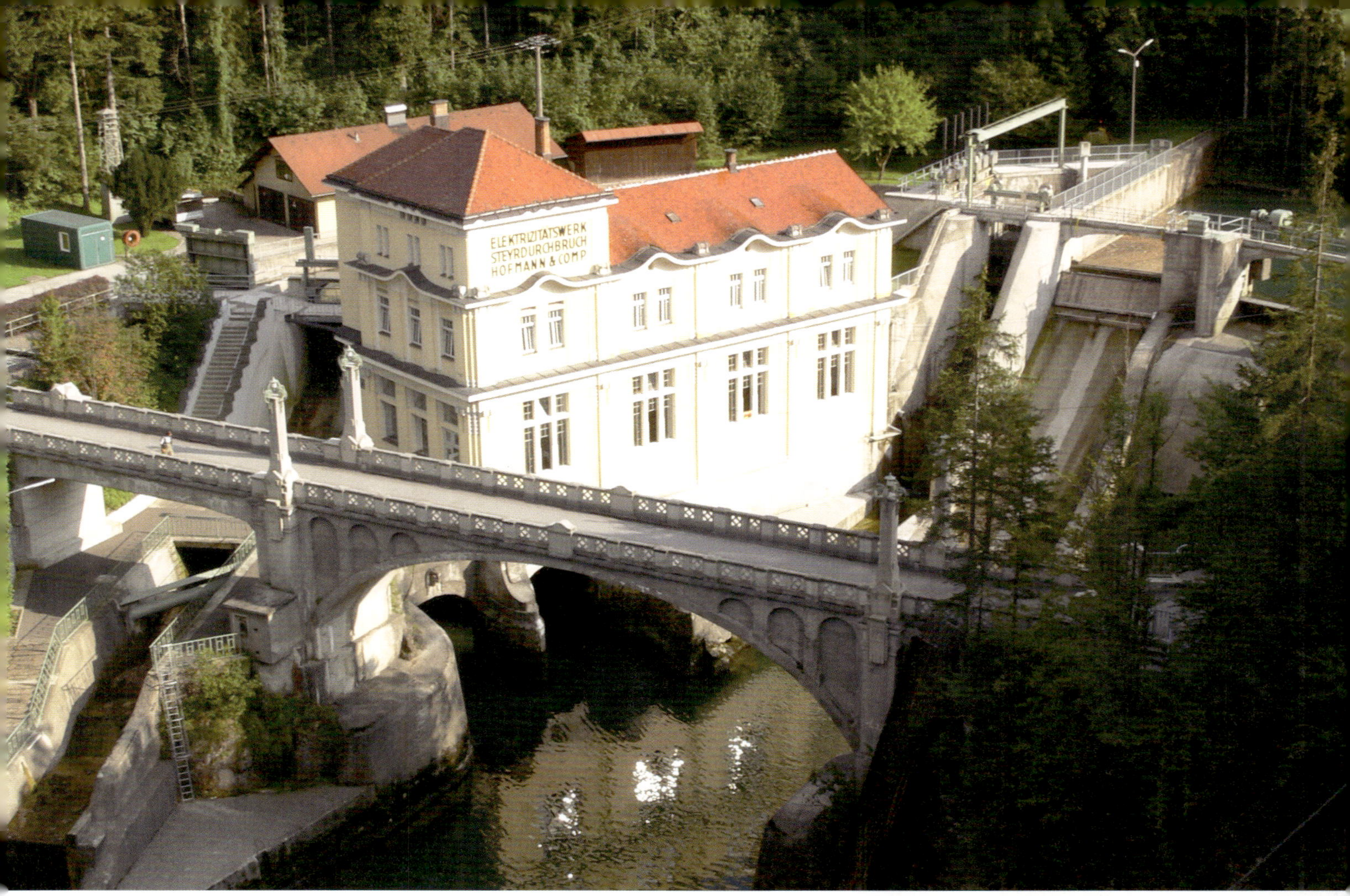
ELEKTRIZITÄTSWERK
STEYRDURCHBRUCH
HOFMANN & COMP.

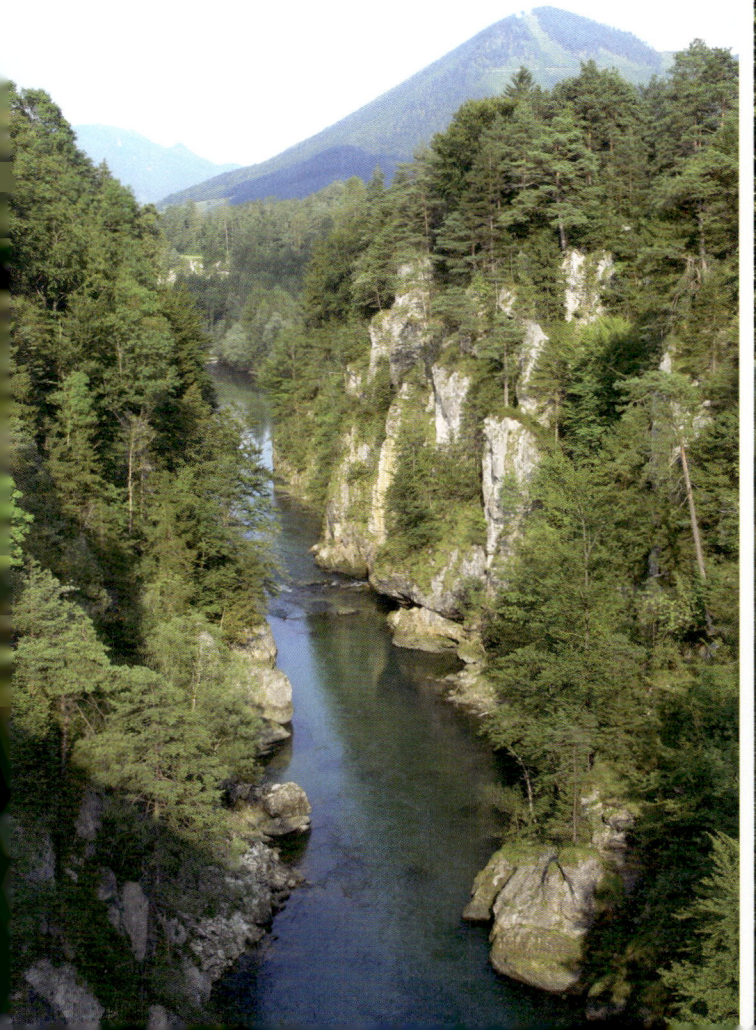

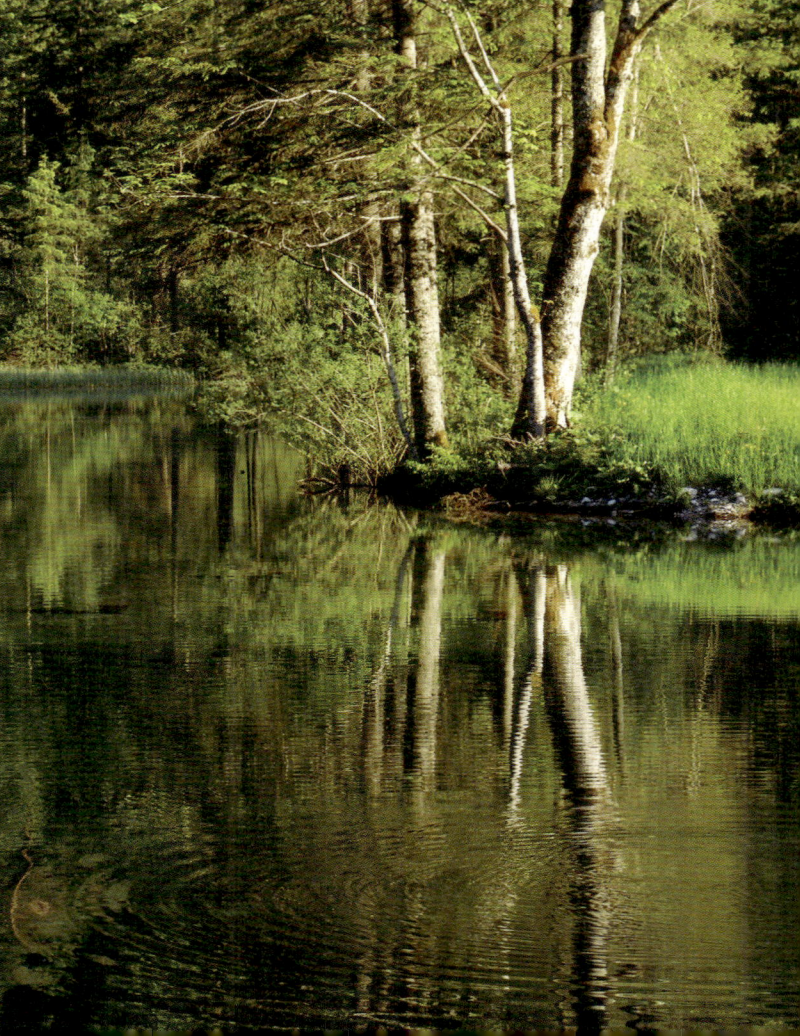

BURGEN UND SCHLÖSSER

Schloss Parz und die Renaissance

*N*eben dem Linzer Schloss, welches auf den Grundfesten der Burg Friedrichs III. erbaut wurde, oder etwa den Schlössern Weinberg und Hartheim ist das Landschloss Parz bei Grieskirchen typisch für die vielen schönen Renaissanceschlösser Oberösterreichs.

In einer Inschrift über der Toreinfahrt ist zu lesen, dass Kaiser Maximilian I. im Jahre 1515 Sigmund Ludwig von Polheim die Genehmigung zum Bau des Schlosses Parz erteilte.

Die Südfassade ist mit einem großen Wandmalereizyklus geschmückt. Er stammt aus dem späten 16. Jahrhundert und stellt den umfangreichsten im Original erhaltenen Zyklus von Außenfresken der Renaissance nördlich der Alpen dar. Gezeigt wird die Weltsicht der protestantischen Landadeligen in der Zeit der Glaubenskriege.

Schloss Parz wurde als Mittelpunkt der Oberösterreichischen Landesausstellung 2010 „Renaissance und Reformation" ausgewählt.

Anfang des 16. Jahrhunderts standen in Oberösterreich die protestantischen Stände, Herren, Ritter und Städte im Zenit ihrer Macht. Das Linzer Landhaus wurde von ihnen erbaut und Johannes Kepler nach Linz geholt. Drei Viertel der Bevölkerung waren damals protestantisch. An der Spitze des reformierten Adels stand Freiherr von Tschernembl.

Im Konflikt mit den Protestanten Böhmens versuchte es Kaiser Ferdinand II. zum friedlichen Einlenken zu bewegen. Doch es kam zur Schlacht am Weißen Berg bei Prag. Es siegte der habsburgische Katholizismus über die protestantische Union. Oberösterreich wurde vom Kaiser an die bayrischen Wittelsbacher abgetreten – als Kriegskostenersatz.

Vorherige Doppelseite: *Schloss Ottensheim*
Oben: *Detail einer der zahlreichen Renaissance-Kasettendecken im Schloss Parz*
Mitte und unten: *Ansichten der Renaissance-Fresken an der Südseite des Schlosses Parz*

Seite 74 oben links: *Hauptportal des Schlosses*
Seite 74 oben rechts: *Der Schlosshof von Parz mit den dreigeschoßigen Arkadengängen*
Seite 74 unten links: *Arkade mit Fresken*
Seite 74 unten rechts: *Schmiedeeisentüren im Zentralturm*

Schloss Ort – ein Ort voll Blut und Tränen

Oben: *Eingangsportal von Schloss Ort*
Mitte: *Säulenarkade im Schlosshof*
Unten: *Totenkopf im Verlies von Schloss Ort*

Seite 77 oben: *Blick von der Uferpromenade in Gmunden auf Schloss Ort, im Hintergrund der Traunstein*
Seite 77 unten: *Der Innenhof des Schlosses*

Wer Oberösterreichs schönstes Seeschloss heute in beinahe unwirklich anmutender Harmonie über den Wassern des Traunsees schweben sieht, der denkt in erster Linie an Urlaub, Idylle und Ansichtskarten.

Der Schein trügt jedoch: Schloss Ort ist, was die oberösterreichische Landesgeschichte betrifft, einer der finstersten Winkel der Region. Schon kurz nach der Erbauung des Schlosses im Jahre 1092 nistete sich hier ein Tyrann namens Hartnid ein, der von der günstig gelegenen und für damalige Verhältnisse fast uneinnehmbaren Seefeste aus das umliegende Land unterdrückte. Er scheint es damit allerdings ein wenig übertrieben zu haben, da er in seinen eigenen Verliesen endete.

Unter Kaiser Ferdinand I. trat in Schloss Ort zu Beginn des 17. Jahrhunderts ein neuer Unterdrücker in Erscheinung: Adam Graf von Herberstorff, der, beauftragt mit der Niederschlagung der rebellischen Bauern, von hier aus eine Blutspur quer durch Oberösterreich hinterließ und u. a. auch für die Grauen des „Frankenburger Würfelspiels" verantwortlich zeichnete. Es war also kein Wunder, dass die erzürnten protestantischen Bauern, als die Nachricht vom Tod ihres Unterdrückers bekannt wurde, über Schloss Ort herfielen und es niederbrannten.

Seine heutige Form verdankt Schloss Ort Erzherzog Johann Salvator, einem Neffen von Kaiser Franz Joseph I., der sich Johann Orth nannte.

An die blutige und grausame Vergangenheit des Schlosses, in dem heute während der Sommerzeit sanfte Serenadenklänge zu hören sind, erinnern nur noch der alte Hungerturm und die Folterwerkzeuge im Gmundner Museum.

Schloss Ort war 2008 Zentrum jener Oberösterreichischen Landesausstellung, welche Geschichte, Brauchtum, Kultur, Natur und die Menschen des Salzkammerguts überaus anschaulich dokumentierte.

76

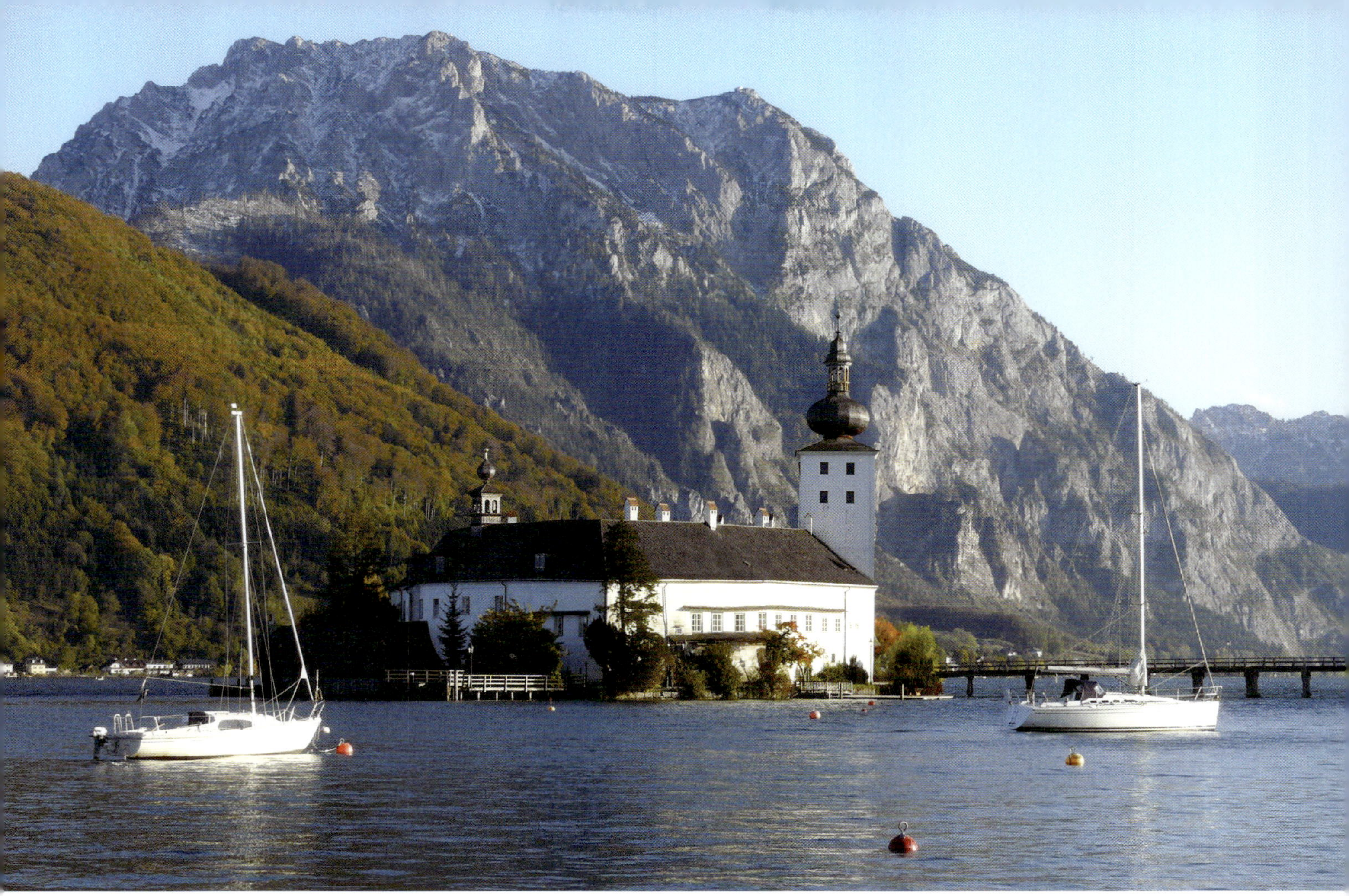

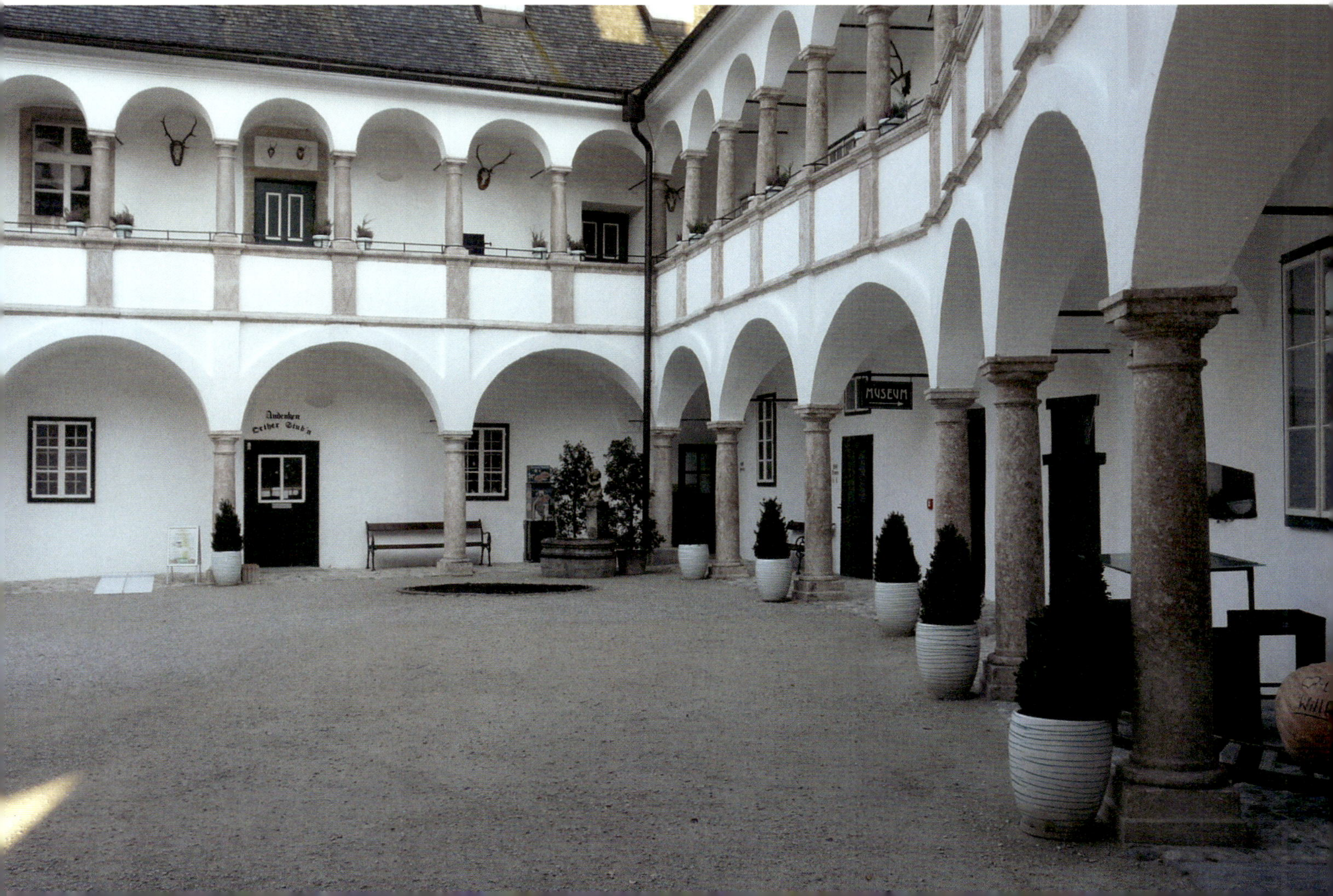
MUSEUM

Das Linzer Landhaus – Zeichen der Macht

Um die Mitte des 16. Jahrhunderts hatte der protestantische Linzer Herrenstand so viel Macht erlangt, dass er es sich leisten konnte, dem kaiserlichen Linzer Schloss, in dem sich heute ein einzigartiges Universalmuseum befindet, mit einem repräsentativen Gegenstück Konkurrenz zu machen.

Das Landhaus sollte als Parlamentsgebäude dienen und den imperialen Bau am Schlossberg in jeder Hinsicht an Prunkentfaltung übertreffen. Aus diesem Grund wurde der Baumeister Christoph Canevale 1564 von den Landständen ob der Enns damit beauftragt, anstelle des zerstörten Minoritenklosters ein Bauwerk zu schaffen, das alle „Stückeln" der damals besonders aktuellen italienischen Renaissance spielte.

Neben dem für diese Epoche typischen weiträumigen Arkadenhof erinnert auch der sechseckige Planetenbrunnen, eine Huldigung an das ptolemäische System, an den damaligen Zeitgeist. Vielleicht war es auch nur ein Vorzeichen für das, was noch kommen sollte: Denn schon wenige Jahrzehnte später entdeckte Johannes Kepler in Linz das dritte Planetengesetz.

Zum Kulturhauptstadtjahr 2009 wurde die historische Brücke zur Promenade als Teil der alten Befestigungsanlagen freigelegt und für Besucher zugänglich gemacht.

Das Linzer Landhaus ist Sitz der Oberösterreichischen Landesregierung und beherbergt das Büro des oberösterreichischen Landeshauptmanns.

Oben: Historische Brücke zur Promenade
Mitte: Planetenbrunnen im Arkadenhof
Unten: Tür mit dem oberösterreichischen Landeswappen im Innenhof
Seite 78 oben: Renaissance-Arkadenhof des Landhauses
Seite 78 unten links: Seitenaltar vom Kremser Schmidt in der Minoritenkirche im Landhaus
Seite 78 unten rechts: Italienisches Renaissance-Portal an der Nordseite

Die Greinburg und die Donauschifffahrt

Oben: *Bürgerhäuser am Marktplatz von Grein*
Mitte: *Das historische Stadttheater Grein*
Unten: *Brunnen im Arkadenhof von Schloss Greinburg*

Seite 81 oben: *Heutige Ansicht der 1284 erstmals urkundlich erwähnten Burg Grein*
Seite 81 unten: *Großzügig angelegter Renaissance-Arkadenhof von Schloss Greinburg*

Der Kaiser selbst – es war Friedrich III. – gestattete den Brüdern Prüschenk 1488, sich ihren Herzenswunsch zu erfüllen und ein Schloss an der Donau zu bauen.

Die Jahreszahl der Gründung erblicken Eingeweihte übrigens auch, wenn sie während der Schlossbesichtigung wissen wollen, wie spät es ist: Sie steht nämlich auf der Sonnenuhr neben dem hl. Georg und seinem Drachen.

1621 wurde die Greinburg wesentlich erweitert. Die Bogengänge und der Innenhof tragen daher unleugbare Stilmerkmale der Renaissance. Außerdem beherbergt die Greinburg auch ein Schifffahrtsmuseum, das an jene Zeit erinnert, als es noch ein gefährliches Abenteuer war, sich auf klapprigen Zillen flussabwärts einzuschiffen. Die Schiffertruhen und Schiffertrachten erwecken diese Zeit zu neuem Leben und beziehen nicht nur die Donau-, sondern auch die Traun-, Salzach- und Ennsschifffahrt in das Leben vergangener Epochen mit ein. Dass das Museum so lebendig wirkt, verdankt es den zahlreichen Dioramen, in denen Szenen aus der Vergangenheit „naturgetreu" nachgebildet wurden. Dokumentiert ist jedoch auch der Anbruch des technischen Zeitalters in der Donauschifffahrt anhand eines Modells der „Maria Anna", des ersten Dampfschiffes, das 1837 die Donau befuhr und die Strecke Linz–Wien mit seinem 60-PS-Motor in der damaligen „Rekordzeit" von 55 Stunden und 22 Minuten bewältigte.

Die Burg thront über der Stadt Grein wie ein aristokratischer Baldachin, in dessen Schutz sich die zahlreichen alten Bürgerhäuser aus dem 16. und 17. Jahrhundert begeben haben. Grein, das schon im Jahre 1379 von den Babenbergern alle Marktprivilegien und 1468 ein Stadtwappen erhalten hat, ist ein durch und durch bürgerliches Städtchen. In der St.-Ägidius-Kirche mit dem schönen Kreuzrippengewölbe befindet sich ein Hochaltarbild von keinem Geringeren als dem berühmten Barockmaler Bartolomeo Altomonte. Besuchenswert ist das im Rokokostil 1791 erbaute Greiner Stadttheater, es ist das älteste heute noch bespielte Schauspielhaus Österreichs.

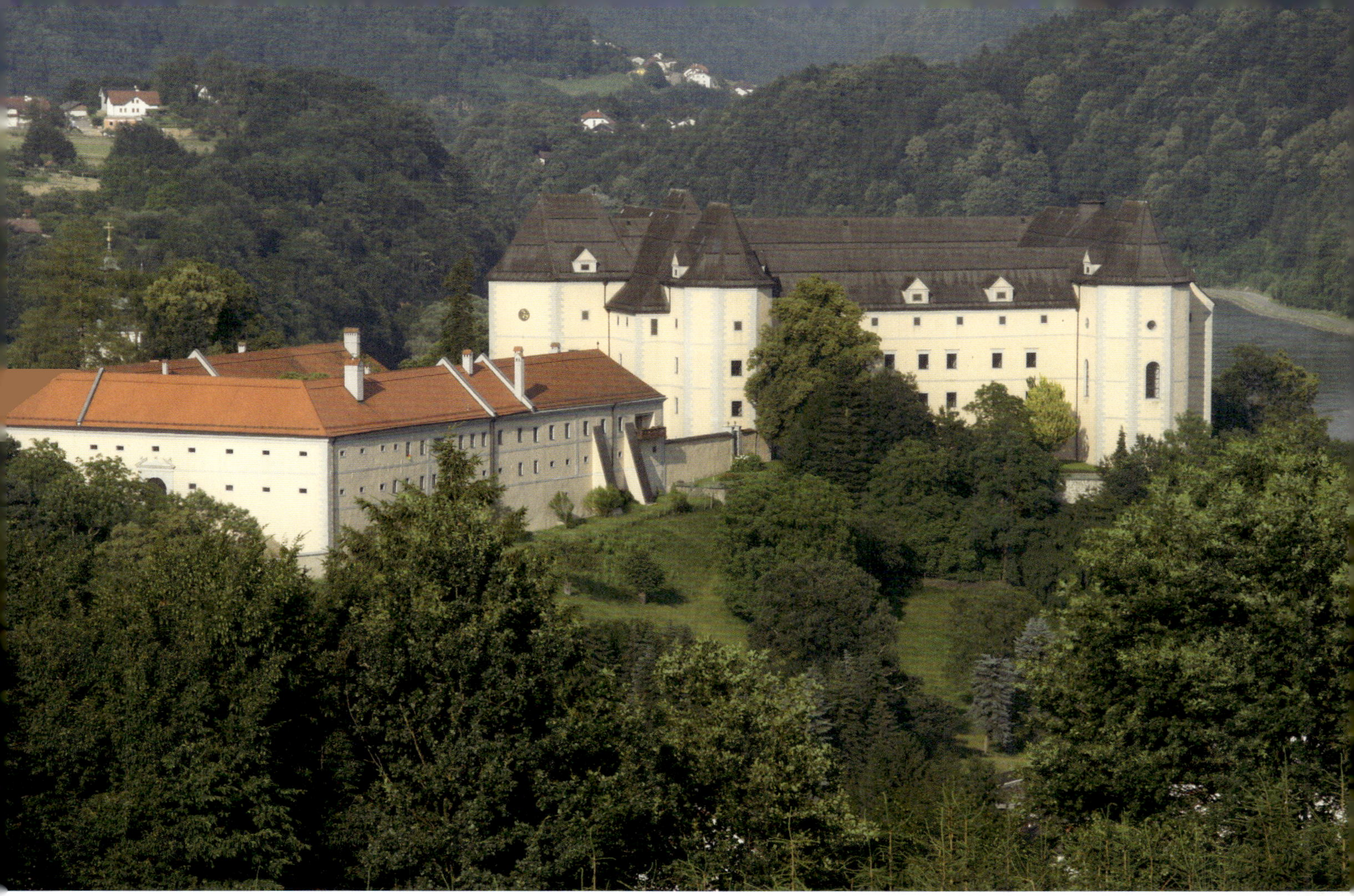

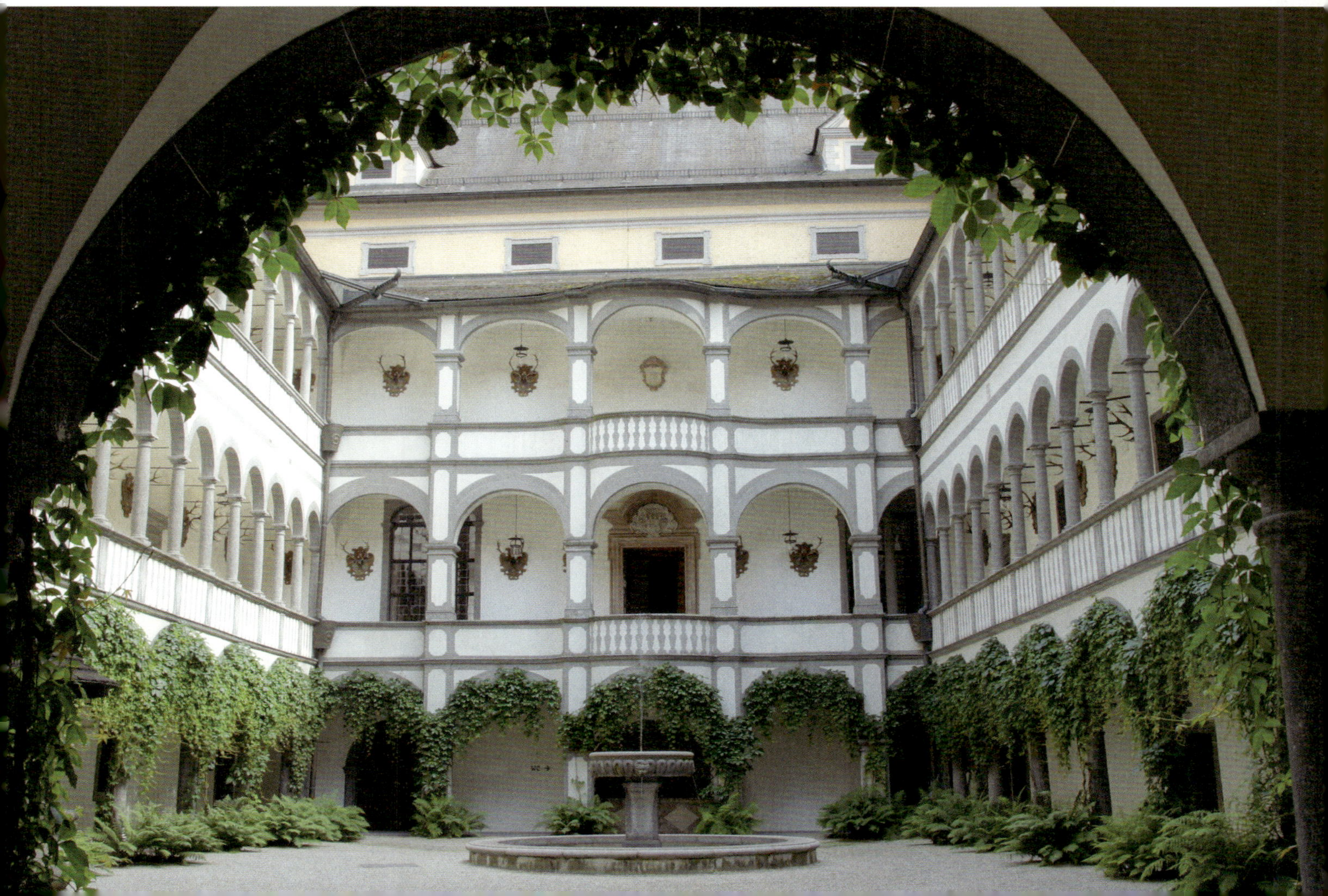

Burg Clam – wo Geschichte lebt

Im Jahre 1149 ließ Otto von Machland die Festung Clam errichten, um den östlichen Teil seines Reiches – das Land ob der Enns – militärisch und administrativ besser kontrollieren zu können.

Da die Burg Clam in ihrer über 850-jährigen Geschichte glücklicherweise nie größeren Bränden zum Opfer fiel, ist auch die kostbare Inneneinrichtung in vorzüglichem Zustand erhalten. Doch das Leben auf dieser Festung war stark von kriegerischen Ereignissen geprägt, selbst monatelange Belagerungen waren keine Seltenheit. Die Hussiten belagerten die Burg innerhalb weniger Jahre sogar mehrmals. Nach dem Dreißigjährigen Krieg wurde die Burg Clam Schritt für Schritt von einer Festung zu einer Wohnburg umgebaut. Die romantische mittelalterliche Unregelmäßigkeit hat sich aber bis heute erhalten, denn keiner der über 100 Räume auf der Burg hat vier rechte Winkel.

Für die Vorfahren des heutigen Besitzers – Carl Philip Clam – wurde die Burg Clam im Jahre 1454 zum Familiensitz. Somit konnte die Familie den Titel „zu und auf Clam" tragen. Die Burg wird bis heute von der Familie Clam ganzjährig bewohnt und ist im Sommer für Besucher geöffnet.

Bei der Führung taucht man in die Kultur vergangener Zeiten ein. Da die Kunstschätze an ihrem historisch angestammten Platz zu bewundern sind, erlebt man Geschichte so lebendig wie sonst kaum.

Im Palas (Hauptgebäude) der Burg sind einige Gästezimmer der Grafen von Clam zu sehen. Auch die Waffenkammer, die Kapelle und das große Speisezimmer präsentieren sich heute wie eh und je. Einer der vielen Höhepunkte ist sicherlich das Musikzimmer, in dem wahrscheinlich schon zur Zeit Mozarts Kammerkonzerte gegeben wurden.

Die sommerlichen Open-Air-Konzerte auf der Meierhofwiese mit internationalen Künstlern der Rock- und Popszene und das alljährliche Ritterfest haben zu einem weit über die Landesgrenzen hinausreichenden Bekanntheitsgrad der Burg beigetragen.

Oben: *Mächtiger Palas der Burg Clam*
Mitte: *Mittelalterlich eingerichtetes Zimmer*
Unten: *Konzertbesucher auf der Meierhofwiese*

Seite 82 oben: *Nordansicht der Burg*
Seite 82 links unten: *Blick in den dreigeschoßigen Arkadenhof*
Seite 82 rechts unten: *Grabmal von Christoph Perger in der Burgkapelle – dieser Vorfahre des heutigen Besitzers erwarb die Burg 1524*

Bildungszentrum Schloss Weinberg

*Oben: Detail der Stuckarbeiten im Ahnensaal –
unbekannter Meister*
Mitte: *Ahnensaal mit Kachelofen*
Unten: *Rittersaal mit barocken Fresken und
Ölbildern*
Seite 85 oben: *Außenansicht des Schlosses*
Seite 85 links unten: „Türkengitter" – Schmiede-
eisenkunst aus dem 17. Jahrhundert
Seite 85 rechts unten: *Detailansicht aus dem
Kaisersaal*

Schloss Weinberg, urkundlich 1305 erstmalig erwähnt, zählt heute zu jenen Bildungszentren des Landes Oberösterreich, deren Programmschwerpunkte Zukunftsorientiertheit, nachhaltige Entwicklung und dauerhafte Sicherung von Lebensqualität sind.

Im Kern eine spätgotische Wehrburg, wurde Weinberg im 15. Jahrhundert durch den Burgherrn – Christoph von Zelking – wesentlich vergrößert. Dieser gab 1490 auch die Errichtung der Pfarrkirche Kefermarkt mit ihrem spätgotischen Altar in Auftrag. Hans Wilhelm von Zelking baute Weinberg gegen Ende des 16. Jahrhunderts zum Renaissanceschloss aus.
Im Zuge der Gegenreformation mussten die protestantischen Zelkinger ihr Anwesen verlassen und es an die katholische Adelsfamilie Thürheim aus Schwaben verkaufen, die dem Schloss das heutige Aussehen verliehen hat.

Die von Bartolomeo Carlone stuckierte Schlosskapelle zeigt deutlich die Prägung der österreichischen Barockkunst. Ein unbekannter Meister hat die Decke des Ahnensaals kunstfertig, mit Szenen aus den „Metamorphosen" von Ovid, in Stuck gefasst. Im anschließenden Fabelzimmer beeindrucken die reich mit Intarsienmalerei verzierte Tür sowie ein Renaissance-Kachelofen.
Der in stuckierten Bilderrahmen gefasste Zyklus mythologischer Ölbilder im Rittersaal entstand im Barock – Höhepunkt der Raumgestaltung auf Schloss Weinberg ist jedoch der im Renaissancestil gestaltete Kaisersaal.
An die Zeit der Türkenkriege erinnert das kunstvoll geschmiedete „Türkengitter" – ein Stiegengeländer aus der Spätrenaissance.

1986 wurde das Schloss vom Land Oberösterreich gepachtet und vollständig restauriert, heute beherbergt es im modern ausgestatteten Landesbildungszentrum die Akademie für Umwelt und Natur, die PanArt-Malschule, das Mühlviertler Krippenbauzentrum, die Prager Fotoschule sowie ein eigenes Tonstudio.

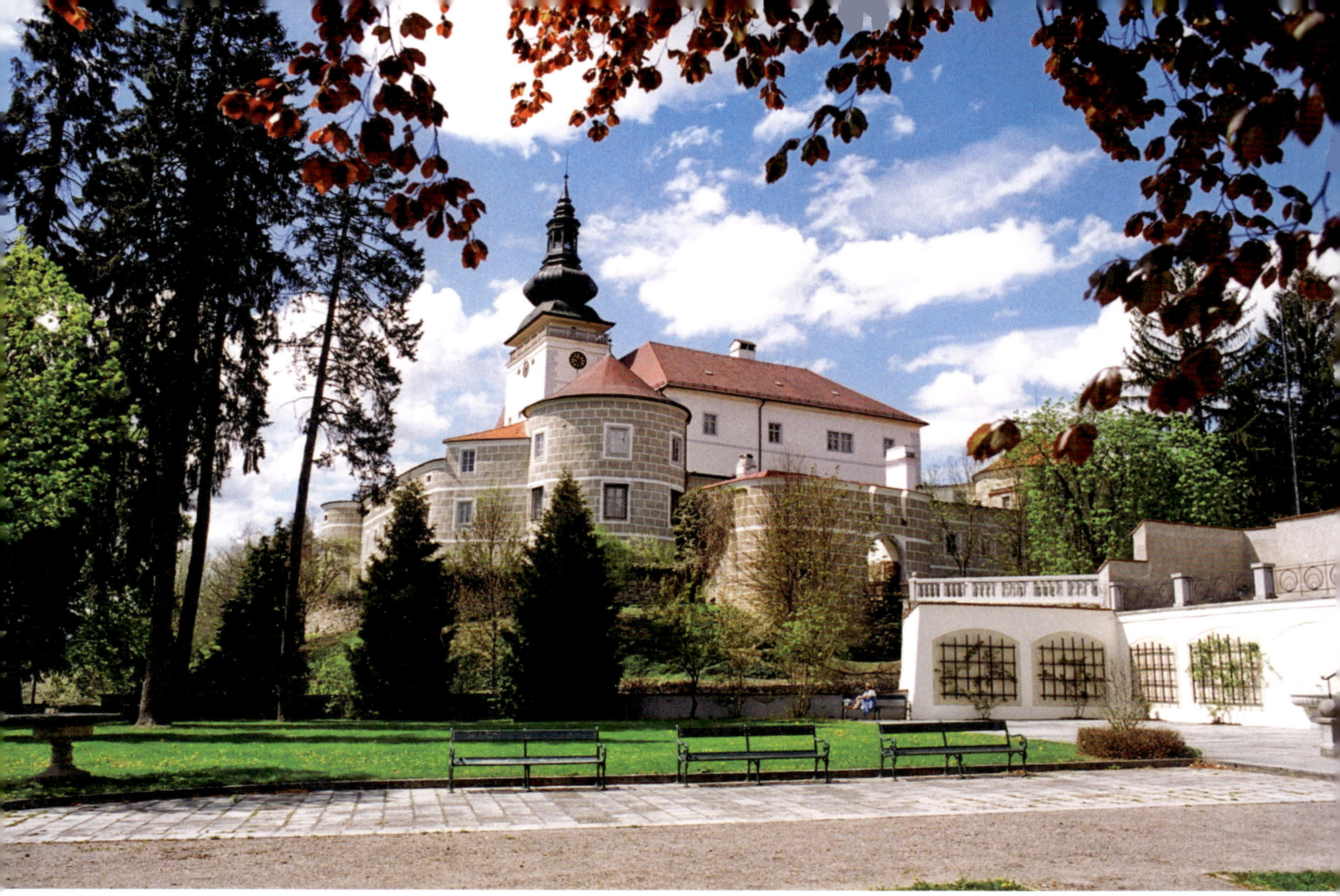

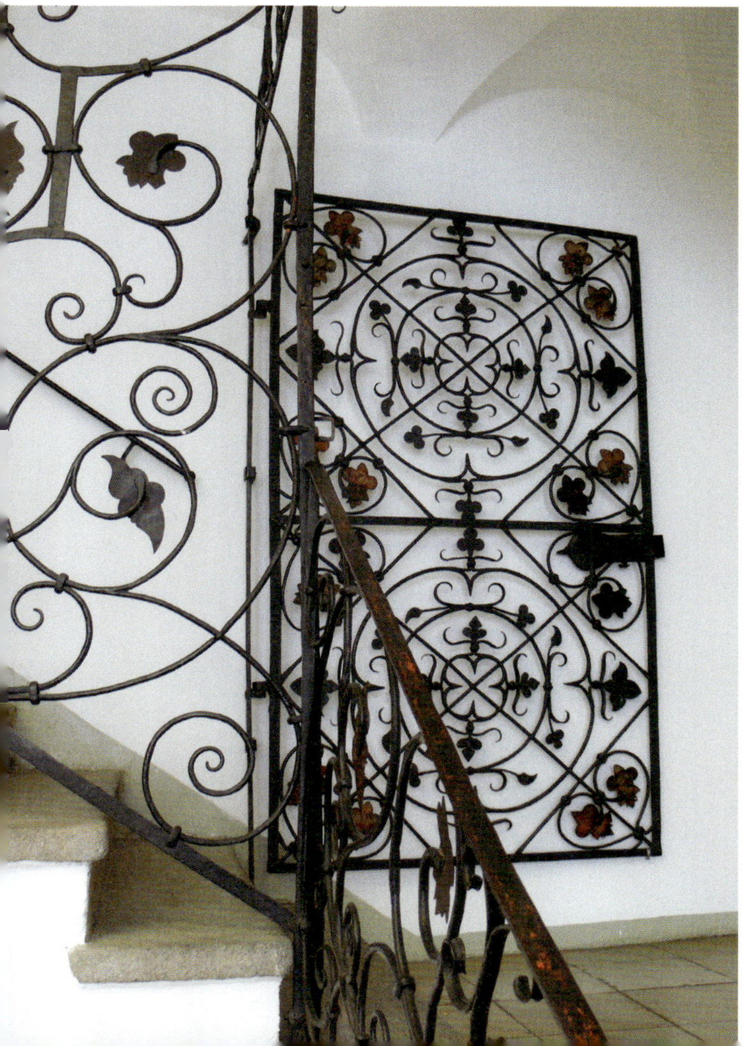

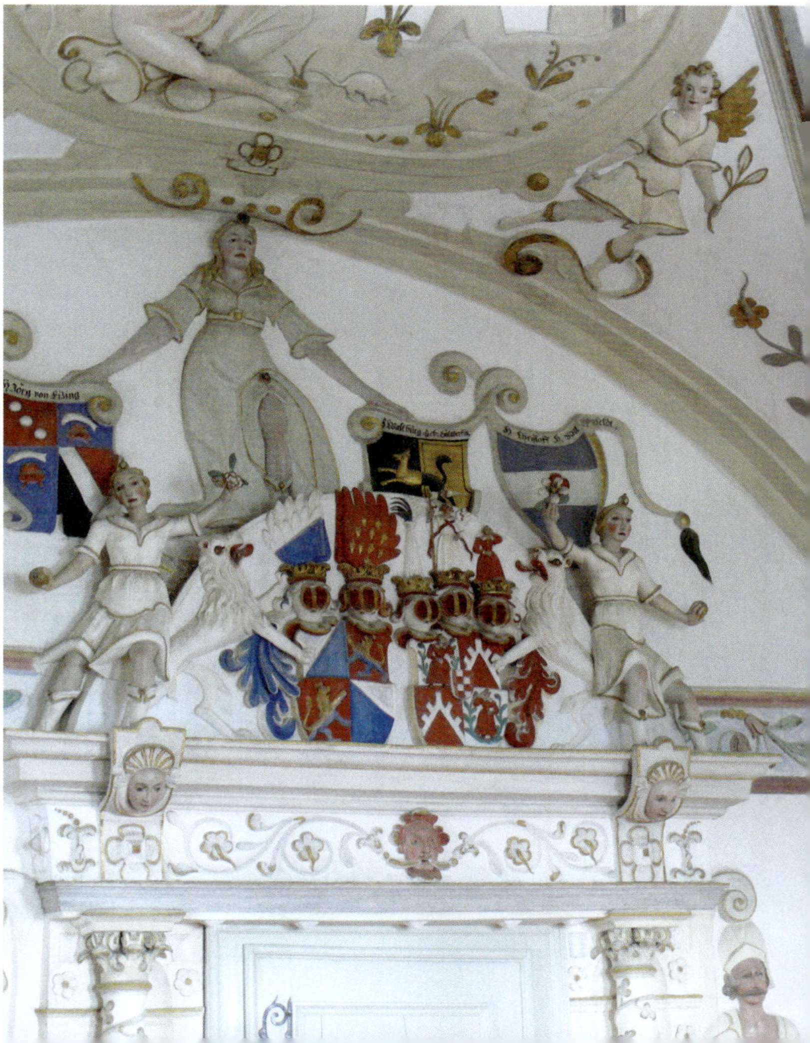

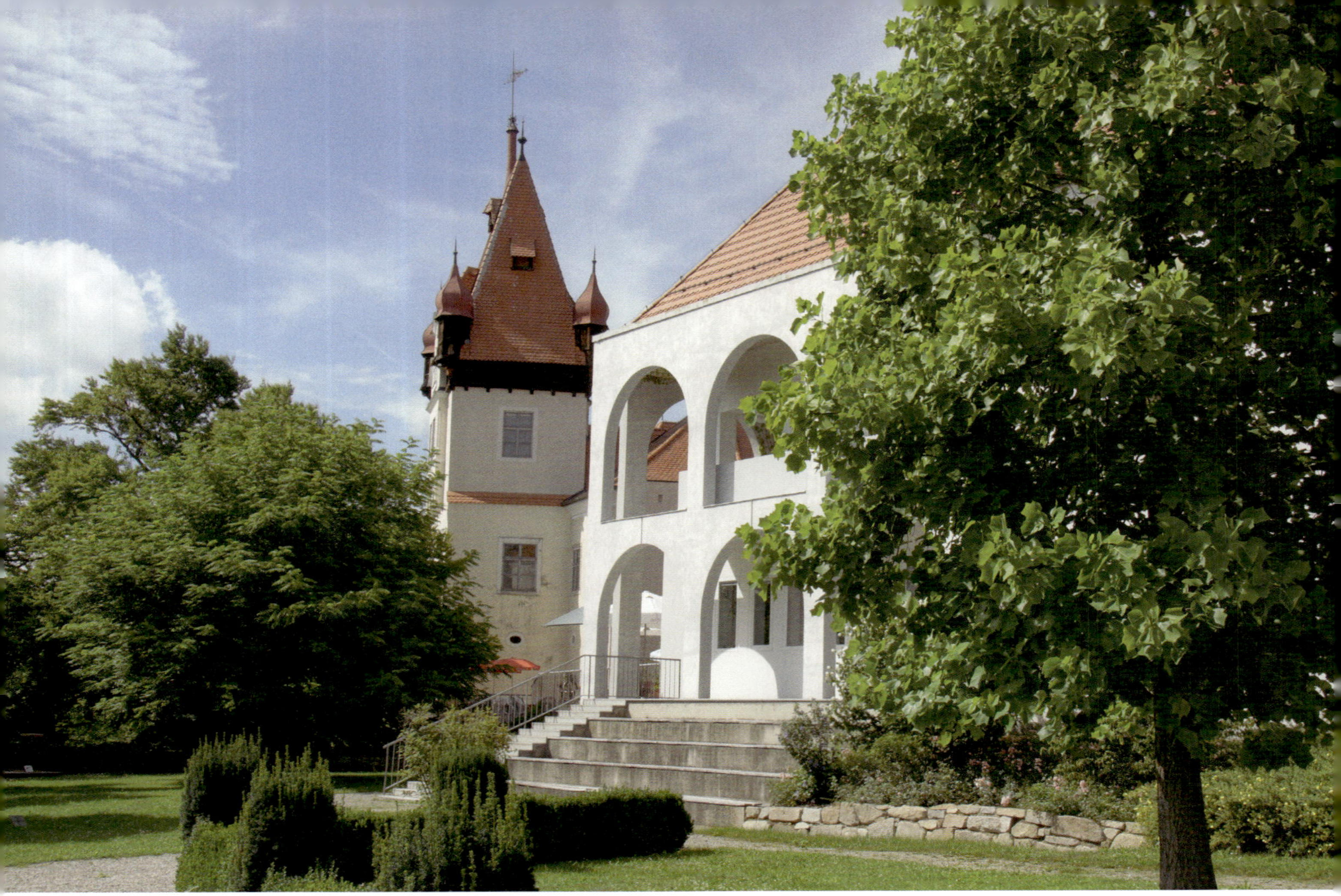

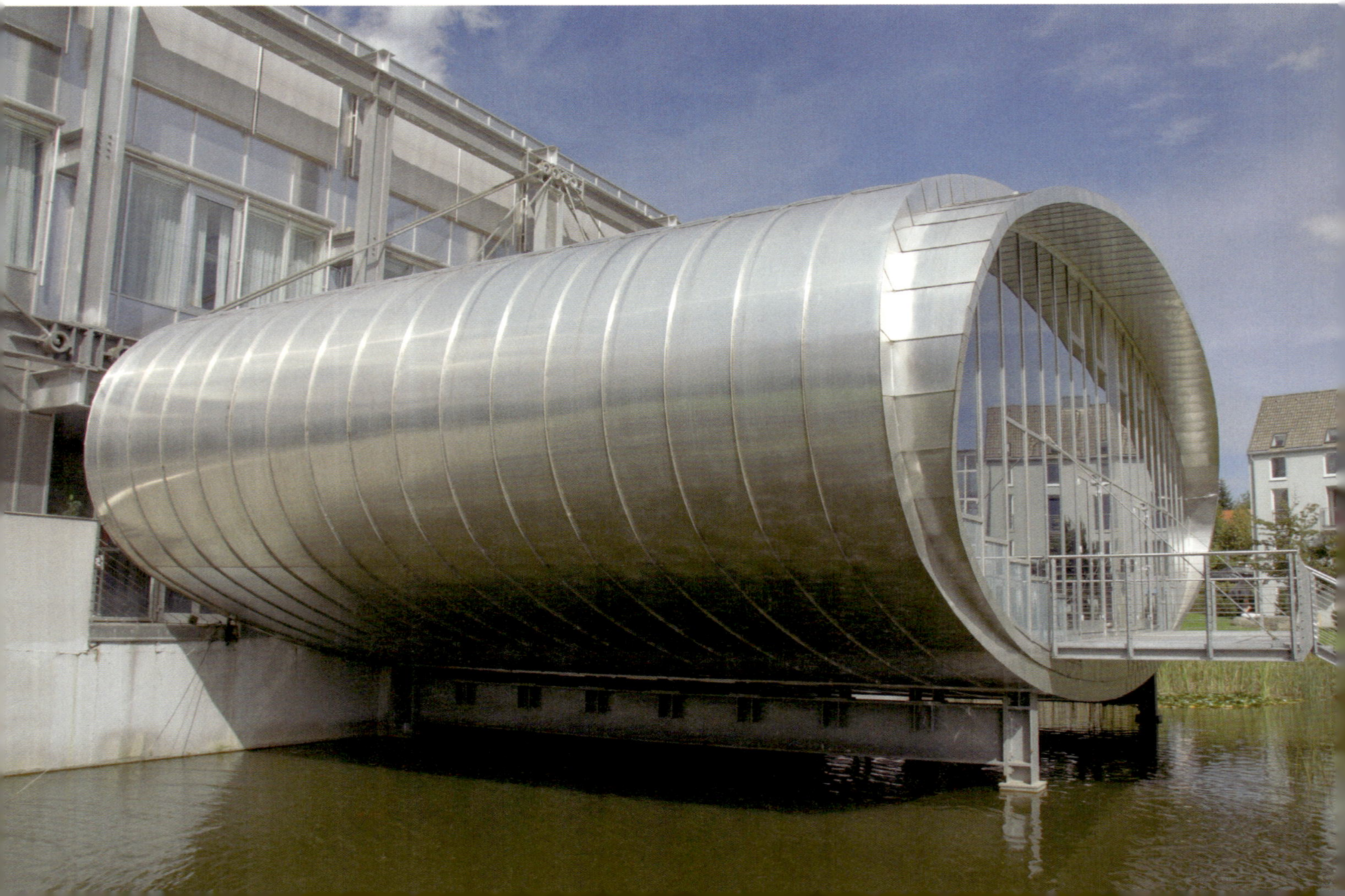

Hagenberg – Schloß mit Softwarepark

Das aus dem 14. Jahrhundert stammende Schloss Hagenberg wurde generalsaniert. 1989 siedelte sich das Institut RISC unter der Leitung von Prof. Bruno Buchberger im frisch renovierten Schloss an. Das war der Startschuss zu einer einzigartigen IT-Geschichte, prägend für die kleine Gemeinde im Mühlviertel und den oberösterreichischen Zentralraum.

1990 wird der Softwarepark Hagenberg von Prof. Bruno Buchberger initiiert und steht damit am Anfang eines neuen Zeitalters. 1993 fällt der Startschuss für die Fachhochschule in Hagenberg. 20 Jahre später blickt man auf eine vielfältige Entwicklung und ein enormes Wachstum zurück.

Die Fachhochschule Hagenberg hat mittlerweile acht Forschungseinrichtungen und 20 verschiedene Universitäts- bzw. Fachhochschul-Studiengänge anzubieten. Es wurden 1 000 Arbeitsplätze und 1 400 Studienplätze geschaffen. Für Anwendungsgebiete wie z. B. Biologoie, Medizin, Medien, Sicherheit, Embedded Systems, Mobilkommunikation, Business und E-Learning werden Soft- Hardware konzipiert, geplant und realisiert.

Im Softwarepark, als netzwerkende Ergänzung, sind in Hagenberg 50 Firmen angesiedelt. Als Leitgedanke gilt es, Wirtschaft, Forschung und Ausbildung zusammenzuführen und somit die Spirale von wissenschaftlichen, technologischen und wirtschaftlichen Innovationen zu immer neueren Höhen zu treiben. Die Studierenden profitieren vom starken Praxisbezug, den Kontakten zu den Firmen und zu Universtäten im In- und Ausland.

Oben: *Tafel am Institut für Symbolisches Rechnen – RISC in Hagenberg*
Mitte: *Detail von Gebäude der Fachhochschule*
Unten: *Studenten bei einer Vorlesung im Hörsaal der Fachhochschule*

Seite 86 oben: *Blick auf das Schloss Hagenberg*
Seite 86 links unten: *Moderne Architektur im Softwarepark*

Hohenbrunn – das Jagdschloss der Pröpste

Oben: *Detail eines Deckenfreskos*
Mitte: *Seminarraum mit Gewehrschrank des Habsburger Kronprinzen Rudolf*
Unten: *Präparat eines Rehkitzes mit zwei Köpfen*

Seite 89 oben: *Außenansicht des Schlosses*
Seite 89 unten links: *Eingangsportal zum Schloss mit der Inschrift von Propst Födermayr*
Seite 98 unten rechts: *Venezianisches Zimmer mit Wandmalereien aus dem 18. Jahrhundert*

*I*n einem unmittelbaren Naheverhältnis zum Stift St. Florian steht das Jagdschloss Hohenbrunn. Nur einige Kilometer von St. Florian entfernt ließ der damalige Propst des Stiftes, Johann Baptist Födermayr, ein barockes Schloss errichten.

Pfaffenhofen sollte ein Jagdschloss für die hohen geistlichen Herren des Stiftes St. Florian werden. Auf diesem Grundstück war Johann Baptist Födermayr in ärmlichen Verhältnissen aufgewachsen und sorgte als Probst von St. Florian für die Errichtung des Schlosses Hohenbrunn.
Die sentimentale Erinnerung an Pfaffenhofen wurde ihm jedoch durch eine Kleinigkeit vergällt. Das Wort „Pfaffe" war durch die Reformation stark in Misskredit geraten. Also nannte Födermayr das schmucke Vierkant-Schloss, das er 1725 bei keinem Geringeren als Jakob Prandtauer in Auftrag gab, kurzerhand „Hohenbrunn". Dass er statt des früheren Namens nunmehr Hohenbrunn wählte, wusste der baufreudige Kirchenmann auch über dem Schlosstor zu begründen: „Nach dem das Alt zu Schimpff gekommen, den Namen Hochbrün hab ich genommen", steht dort noch heute zu lesen.

Im Jahre 1961 wurde das Schloss vollständig renoviert und ein Jagdmuseum eingerichtet. In den prunkvoll, von Franz Josef Holzinger mit Stuckdecken ausgestatteten Räumen wird den Besuchern allerlei Waidmännisches präsentiert. In den Vitrinen sind seltene Waffen, – von der Armbrust bis zum Jagdgewehr, sowie auch Präparate von heimischem Raub- und Schalenwild zu bestaunen.

Als Sitz des Oberösterreichischen Landesjagdverbandes ist Schloss Hohenbrunn heute auch jagdliches Bildungs- und Informationszentrum und stellt darüber hinaus die herrlichen Räumlichkeiten auch für gesellschaftliche Veranstaltungen oder Tagungen bereit.

Schloss Hartheim – Lern- und Gedenkort

Die Geschichte dieses an sich bedeutenden profanen Renaissance-Baus lässt einen mit Entsetzen feststellen, wozu Menschen fähig sind. Das Schloss war grausiger Schauplatz der NS-Euthanasie, wo körperlich und geistig beeinträchtigte Menschen ermordet wurden.

Urkundlich erwähnt wurde der Name Hartheim bereits im 12. Jahrhundert, allerdings hat man erst im 16. Jahrhundert das heutige Schloss nach den Idealvorstellungen der Renaissance errichtet. Im Innenhof des Schlosses befindet sich ein schöner Arkadenhof mit Renaissancefresken. 1898 schenkte Camillo Heinrich Fürst Starhemberg das Schloss dem Oberösterreichischen Landeswohltätigkeitsverein und dieser richtete darin ein Asyl für körperlich und geistig beeinträchtigte Menschen ein.

Von 1940 bis 1944 war eine NS-Euthanasieanstalt untergebracht, in der nahezu 30 000 körperlich und geistig beeinträchtigte sowie psychisch kranke Menschen ermordet wurden. Sie waren teils Bewohner der Landesheil- und Pflegeanstalten, teils arbeitsunfähige KZ-Häftlinge aus den KZ Mauthausen, Gusen und Dachau sowie Zwangsarbeiter.

1995 wurde der Verein Schloss Hartheim gegründet, dessen Ziel es ist, einen Ort der Erinnerung, des Gedenkens und der gesellschaftlichen Auseinandersetzung zu schaffen. Im Jahre 2003 wurde aus Mitteln des Landes und des Bundes die Gedenkstätte mit der Ausstellung „Wert des Lebens. Der Lern- und Gedenkort Schloss Hartheim" errichtet.

Schloss Hartheim ist ein Ort des Gedenkens und Lernens geworden, ein Ort der Reflexion über Voraussetzungen und Folgewirkungen der nationalsozialistischen Euthanasie und Eugenik. Es geht sowohl um die Dokumentation der Geschehnisse im Nationalsozialismus als auch um die Darstellung von Ideen und Denkmustern, die in immer wieder neuen Ausformungen entstehen und wirksam werden können. Zudem wird der heutige Umgang unserer Gesellschaft mit beeinträchtigten Menschen thematisiert sowie die Frage nach den humanen Perspektiven gestellt.

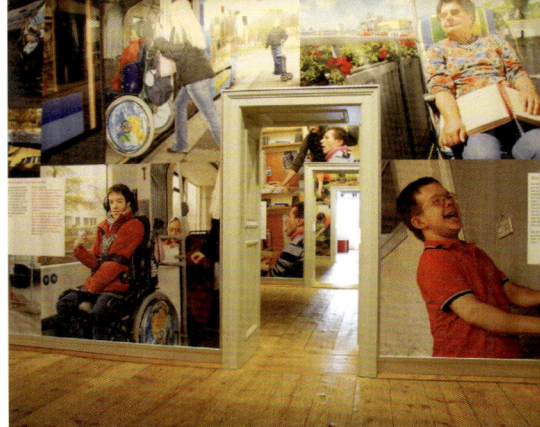

Oben und Mitte: *Räume der Ausstellung „Wert des Lebens"*
Unten: *Archivmaterial aus der Zeit der NS-Euthanasie*
Seite 90 oben: *Renaissanceschloss Hartheim*
Seite 90 unten links: *Ausstellungssteg, der durch die Gaskammer und den Leichenraum führt*
Seite 90 unten rechts: *Teil der Ausstellung „Wert des Lebens"*

Schaunburg, Waxenberg, Wildberg

Oben: Wehrturm der Burgruine Waxenberg – auch „Hungerturm" genannt
Mitte: Burgruine Schaunburg
Unten: Renaissance-Hochgrab von Wolfgang II. von Schaunberg in der Pfarrkirche Eferding

Seite 93 oben: Nebelstimmung um die Burgruine Waxenberg
Seite 93 unten: Burgruine Wildberg im Haselgraben

Dass Oberösterreich ein Burgenland ist, lässt sich ganz seriös beweisen, denn es verfügt über zahlreiche wunderschöne Burgen und Schlösser. Viele davon sind leider zu Ruinen verfallen, haben aber auch als solche ihre majestätische Anmut meist nicht verloren.

Die Schaunburg war zu ihren besten Zeiten im 13. und 14. Jahrhundert eine 16 000 m² umfassende Burganlage auf dem Steilabbruch eines Waldrückens. Sie galt als so gut wie uneinnehmbar. Bereits vor 1160 wurde den Schaunbergern die Aschacher Maut als Reichslehen verliehen. Schließlich wurden „die zu Schaunberg" jedoch übermütig und strebten sogar nach der Landeshoheit. Herzog Albrecht III. rückte mit einem Belagerungsheer an und umzingelte die Schaunburg drei Jahre lang. Erst in der letzten Phase der Belagerung kapitulierten die Schaunberger. Mit ihrer „goldenen Zeit" war's nun allerdings vorbei. Und die Burg, die später an das Haus Starhemberg überging, war zusehends dem Verfall preisgegeben.

Waxenberg gilt bis heute als heimliches Wahrzeichen des Mühlviertels. Einst galt die Schlossanlage als eine der machtvollsten des Landes. Den Söller der weitgehend verfallenen Burg kann man jedoch noch heute auf Treppen und Leitern erreichen und aus 30 Metern Höhe – wie einst Burgfräuleins mit feschen Schildknappen – weit ins Land blicken.

Burg Wildberg, von den Hauspergern im 12. Jahrhundert erbaut, kam im Erbweg an die Starhemberger, die sie bis heute besitzen. Ihre Aufgabe war einst, die durch den Haselgraben führende Straße abzusichern und den Handelsverkehr mit Zöllen und Mauten unter Kontrolle zu bringen. Heute finden, gewissermaßen im Schatten mittelalterlicher Burgromantik, jeden Sommer Kammerkonzerte und andere kulturelle Veranstaltungen statt.

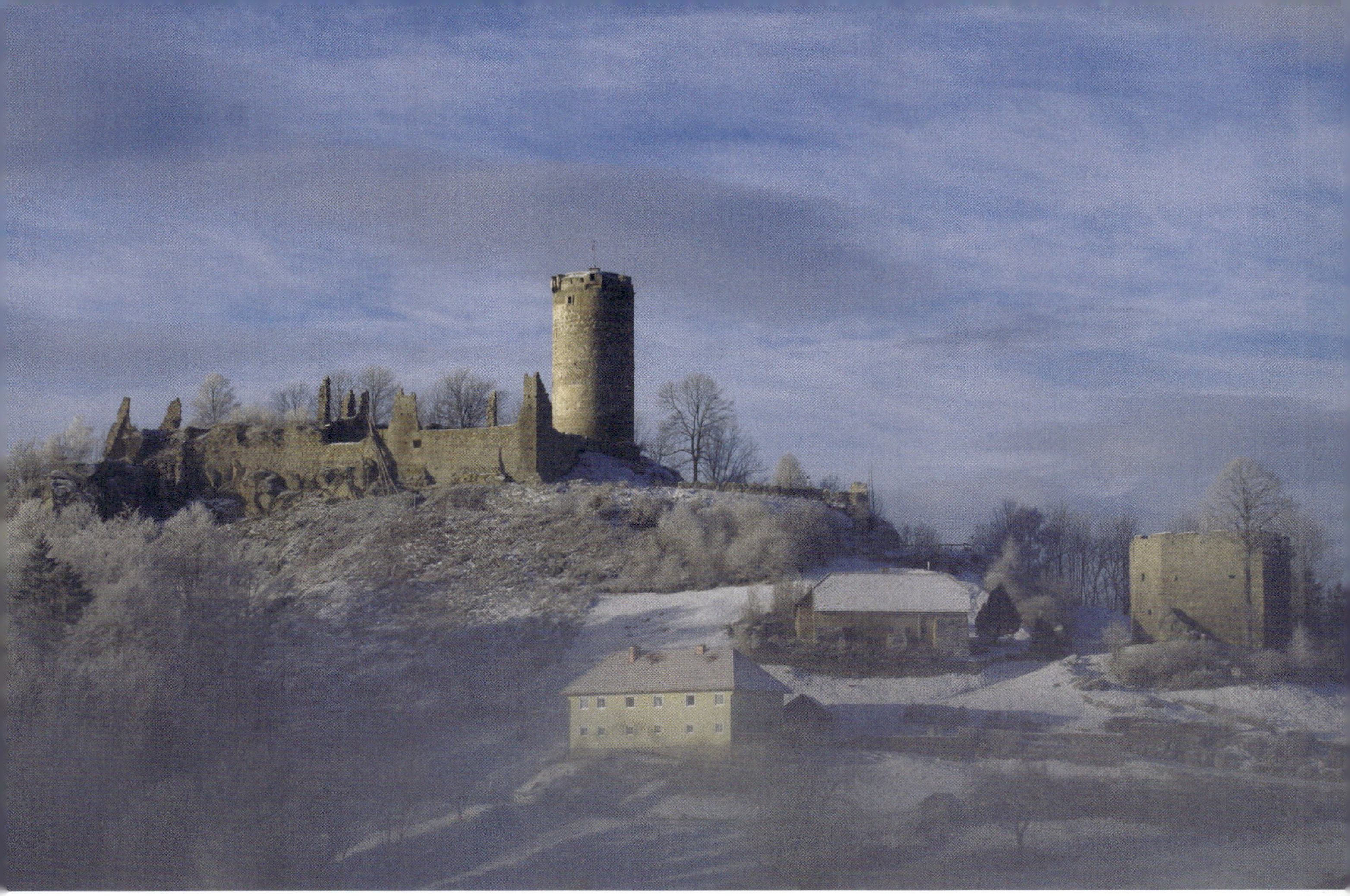

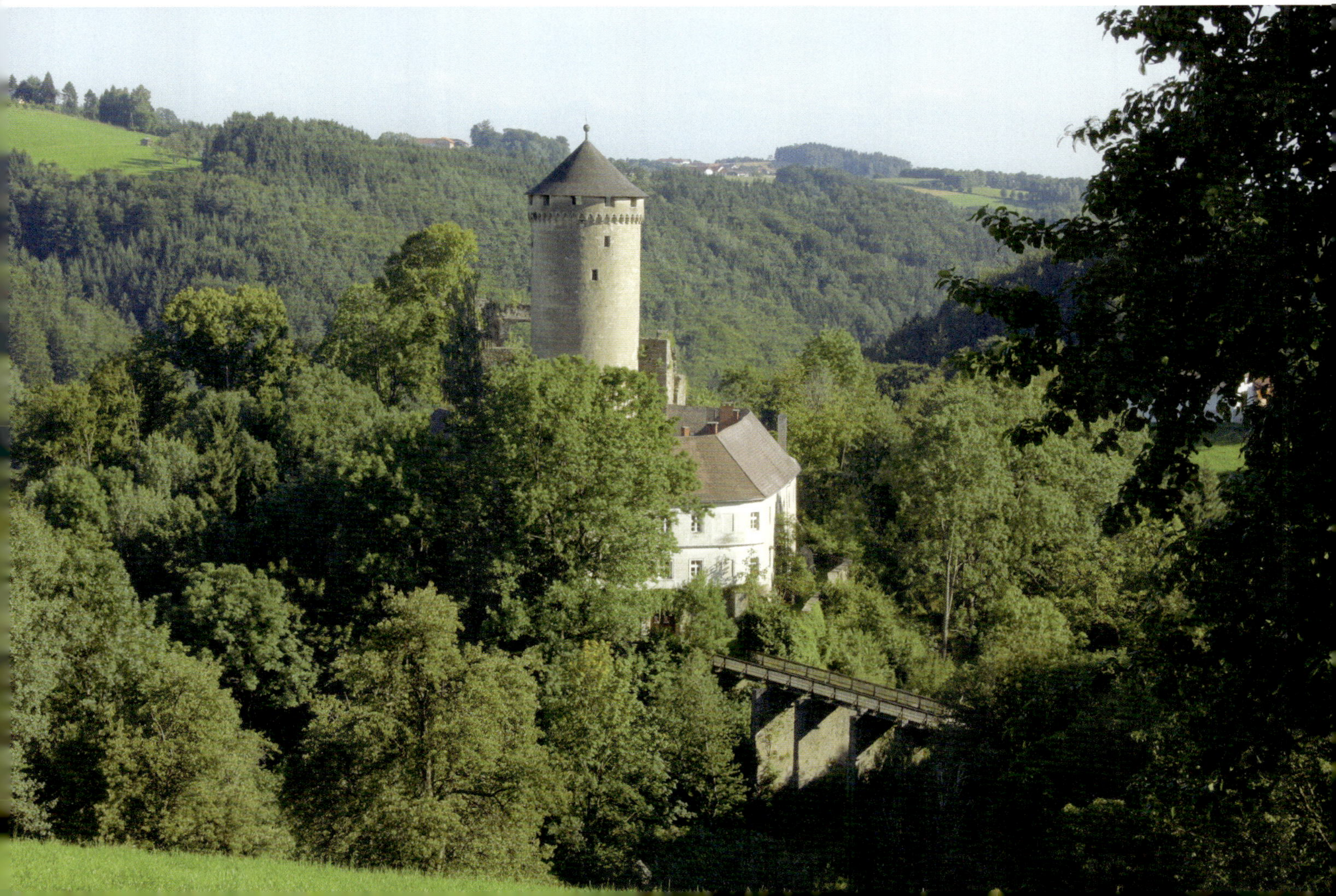

KIRCHEN UND KLÖSTER

Die Linzer Barockkirchen

Neben den zahlreichen modernen Profanbauten befindet sich im Herzen der Stadt Linz dennoch ein bemerkenswerter Bestand an sakraler Barockarchitektur.

Das wohl großzügigste Beispiel für barocke Architektur bildet die Jesuitenkirche Hl. Ignatius, der sogenannte Alte Dom.

Mit seinen doppeltürmigen Wandpfeilern, der prunkvoll-überladenen Innengestaltung mit schwerem Marmor und überbordendem Stuck sowie dem düsteren Chorgestühl bietet dieses Werk von Pietro Francesco Carlone ein imposantes Beispiel jesuitischer Machtentfaltung. Freundlicher wirkt da schon die Minoritenkirche des Linzer Baumeisters Johann Matthias Krinner, in dessen leichtfüßig-spätbarocker Architektur vor allem das Hochaltar-Tafelbild von Bartolomeo Altomonte ebenso sehenswert ist wie die Seitenaltarbilder des Kremser Schmidt.

Altomontes Werk ist übrigens auch in der Stadtpfarrkirche zu bewundern, in der Herz und Eingeweide des in Linz verstorbenen Kaisers Friedrich III. ruhen. In dieser dreischiffigen Staffelkirche befindet sich mit der Nepomuk-Statue auch ein Frühwerk des Bildhauers Georg Raphael Donner.

Unter den zahlreichen anderen Barockkirchen von Linz ragen vor allem die ebenfalls von Krinner erbaute Ursulinenkirche sowie die von Johann Michael Prunner geschaffene Karmeliterkirche an der Landstraße hervor.

Nicht ganz in dieses barocke Bild passt der neugotische Mariä-Empfängnis-Dom, dessen Turm ursprünglich noch höher werden sollte als der des „Steffls" in Wien. Einer historisch nicht eindeutig belegbaren Legende zufolge konnten sich die Wiener erfolgreich dagegen wehren. Dass Linz mit der Rudigier-Orgel eines der besten Instrumente des Landes besitzt, konnten sie freilich nicht verhindern.

Oben: *Die Türme der Ursulinenkirche auf der Linzer Landstraße*
Mitte: *Stuckarbeit an der Decke im „Alten Dom"*
Unten: *Hauptaltar in der Minoritenkirche*
Seite 96 oben: *Linzer Jesuitenkirche Hl. Ignatius der sogenannte Alte Dom*
Seite 96 unten links: *Weihbrunnen, getragen von einem Marmorengel*
Seite 96 unten rechts: *Taufkapelle in der Pfarrkirche Linz*

Wilhering – Rokokopracht an der Donau

Die harte und unwirtliche Gegend am Ufer der Donau gestaltete die Gründung des Stiftes Wilhering im 11. Jahrhundert mehr als schwierig. Zwölf Mönche aus dem steirischen Zisterzienserkloster Rein sollten 1146, bei der aufgelassenen Burg der Herren von Wilhering, ein Kloster gründen.

Da das Leben in dieser Gegend aber alles andere als gemütlich war, verließen die Mönche sukzessive das Kloster wieder. Die Zisterzienser wollten allerdings Wilhering nicht aufgeben und besiedelten die Abtei erneut mit Mönchen – diesmal aus dem Kloster Ebrach bei Würzburg. Diese Mönche trotzten den schlechten Bedingungen und begannen 1195 mit dem Bau der ersten Klosterkirche. In der Reformationszeit stand es um das Stift wiederum schlecht – 1583 wurde das Stift zur Gänze verlassen. Vom damaligen letzten Abt wird behauptet, er sei mitsamt der Klosterkasse geflohen und habe geheiratet. Im Zuge der Gegenreformation wurde Wilhering wieder aktiviert und erlebte seinen großen Aufschwung im 17. Jahrhundert.

Angestiftet von einem arbeitslosen Rossknecht legte 1733 ein zwölfjähriges Mädchen einen Brand, dem das ganze Stift zum Opfer fiel. In den Folgejahren wurde das Stift unter Abt Johann Baptist Hinterhölzl wieder aufgebaut.

Heute gilt die Stiftskirche, die vom Linzer Baumeister Johann Haslinger gemeinsam mit dem Theaterarchitekten Andreas Altomonte geschaffen wurde, als „Rokokojuwel Österreichs". Das Deckengemälde führte Bartolomeo Altomonte aus und die Altarblätter sind Arbeiten von Martino Altomonte. Wilhering erlebte im 19. Jahrhundert eine weitere Glanzzeit.

Einen Spaziergang durch die großzügig angelegte Parkanlage – sie zeugt von gärtnerischer Inszenierung – sollte man sich auf keinen Fall entgehen lassen. Umgeben von mächtigen alten Bäumen findet man das barocke Lusthaus und die Orangerie, erbaut in klassizistischer Biedermeierarchitektur.

Oben: *Rokoko-Engel auf der Chororgel*
Mitte: *Reste der ursprünglich frühgotischen Stiftsanlage im Kreuzgang*
Unten: *Detail eines frühgotischen Fensters*

Seite 99 oben: *Der Kirchenraum in überschwänglich dekorierendem Rokokostil*
Seite 99 unten links: *Der barocke Kreuzgang mit zahlreichen Gemälden*
Seite 99 unten rechts: *Hochaltar von Andreas und Martino Altomonte*

98

QUIS UT DEUS

Stift Engelszell – eine bewegte Geschichte

Ursprünglich als Tochterkloster von Stift Wilhering gegründet, hat Engelszell eine bewegte Geschichte, und nur den Trappistenmönchen ist es zu verdanken, dass uns dieses Donaukloster mit seiner wunderschönen spätbarocken Stiftskirche erhalten blieb.

Die heutigen Mönche von Engelszell gehören dem Trappistenorden an. Dieser Ordenszweig hat sich aus den Zisterziensern herausentwickelt und ist von sehr strengen Regeln geprägt. Im Gegensatz zu anderen Orden betreiben die Trappisten keine Schulen und Pfarreien, sondern widmen sich ausschließlich dem Chorgebet und dem Konvent – nach dem Motto: „Ora et labora."

Engelszell wurde 1295 als Tochterkloster des Stiftes Wilhering beurkundet. Nach einem Aufschwung im ersten Jahrhundert seines Bestehens bleibt auch Engelszell von den Turbulenzen der Reformation nicht verschont – es wird von den Mönchen verlassen. Im 17. Jahrhundert wird das Kloster wieder von Mönchen besiedelt, aber bei einem Brand 1699 bis auf die Grundmauern vernichtet. Am Anfang des 18. Jahrhunderts erlebt das Stift eine kurze Blüte, bis es unter Kaiser Joseph II. aufgelöst wird. In den darauffolgenden Jahren gelangt das Kloster in Privatbesitz und wechselt oftmals die Eigentümer, bis es 1925 von den Trappisten gekauft wird. In der NS-Zeit wird Engelszell enteignet – nach 1945 ziehen die Mönche aber wieder in die Abtei ein.

Interessant ist vor allem die spätbarocke Stiftskirche mit den Fresken von Bartolomeo Altomonte. Die Decke des Langhauses wurde vom oberösterreichischen Maler Fritz Fröhlich nach 1957 neu gestaltet. Das Chorgestühl und die Reliquienschreine schuf der Tiroler Bildhauer Joseph Deutschmann um 1763. Ein besonderes Juwel ist die Rokoko-Kanzel des Stuckkünstlers Johann Georg Üblhör. Der älteste Teil des Stifts ist der gotische Kapitelsaal, der allerdings nur im Zuge einer Führung zu besichtigen ist.

Neben „Ora et labora" widmen sich die Mönche aber auch einem weltlichen Genuss – sie erzeugen den berühmten Engelszeller Magenbitter, den jeder Besucher unbedingt probieren sollte.

Oben: *Stift Engelszell aus der Vogelperspektive*
Mitte: *Hauptaltarbild von B. Altomonte*
Unten: *Reliquienschrein mit frühchristlichen römischen „Katakombenheiligen"*

Seite 100 oben: *Ansicht der Stiftskirche mit Deckenfresko von B. Altomonte – besonders sehenswert ist die Marmor-Kanzel (um 1758)*
Seite 100 unten links und rechts: *Chorgestühl und Chorengel (1763) von J. Deutschmann*

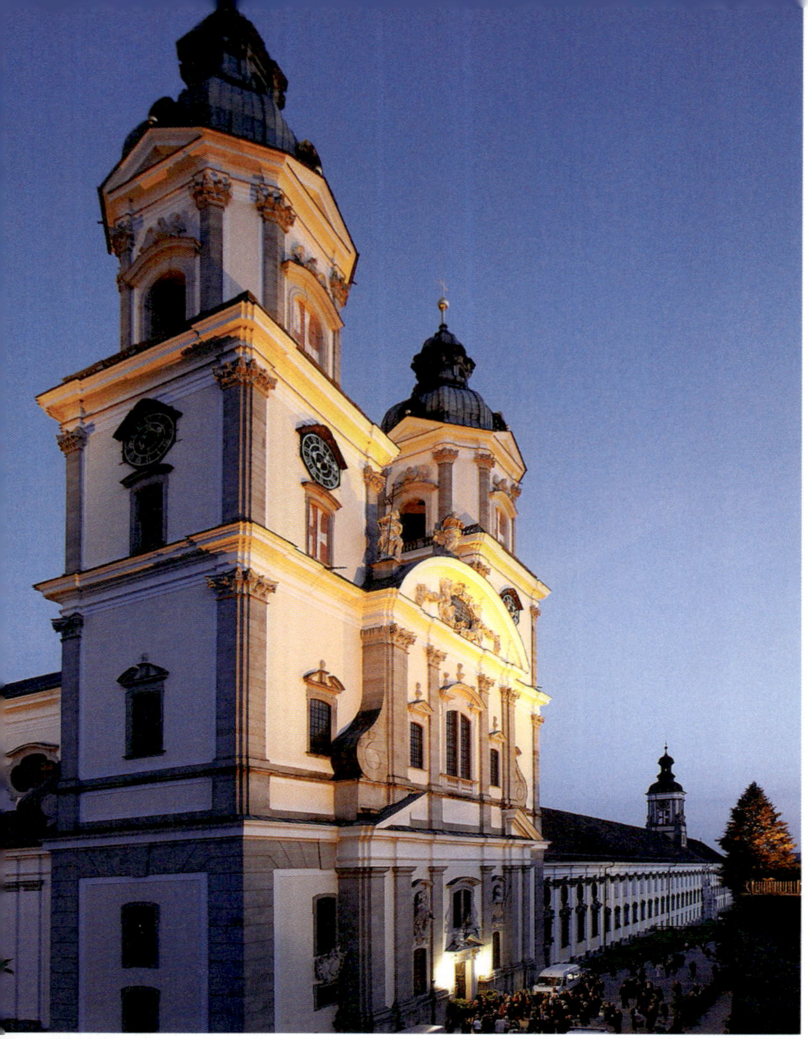
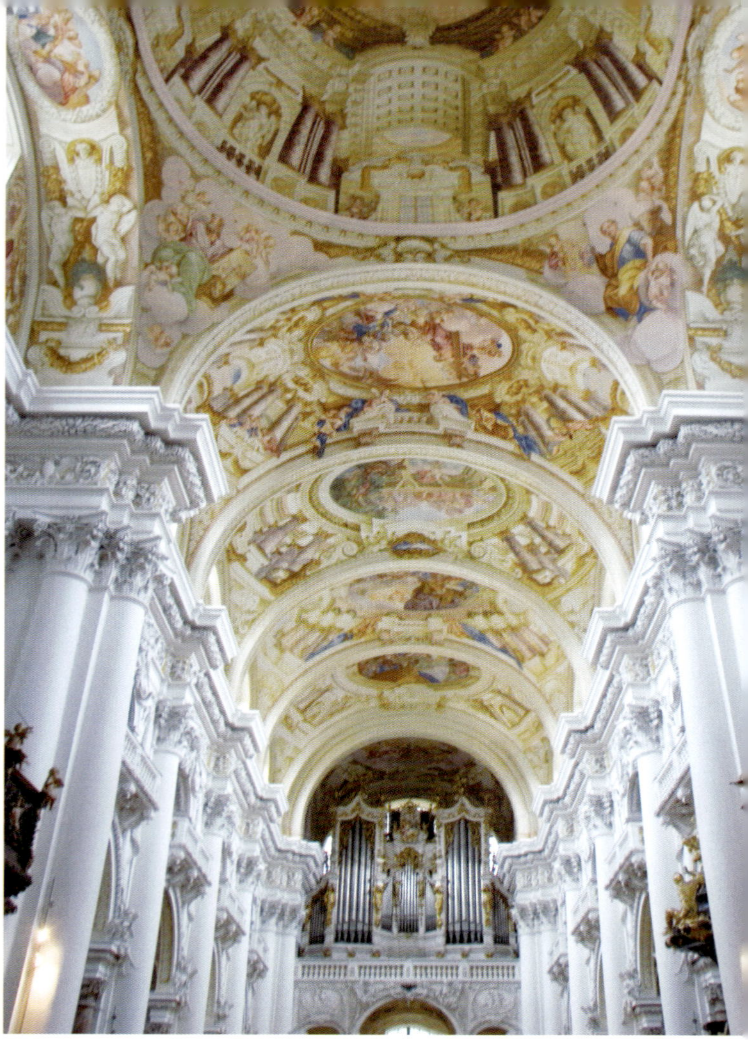
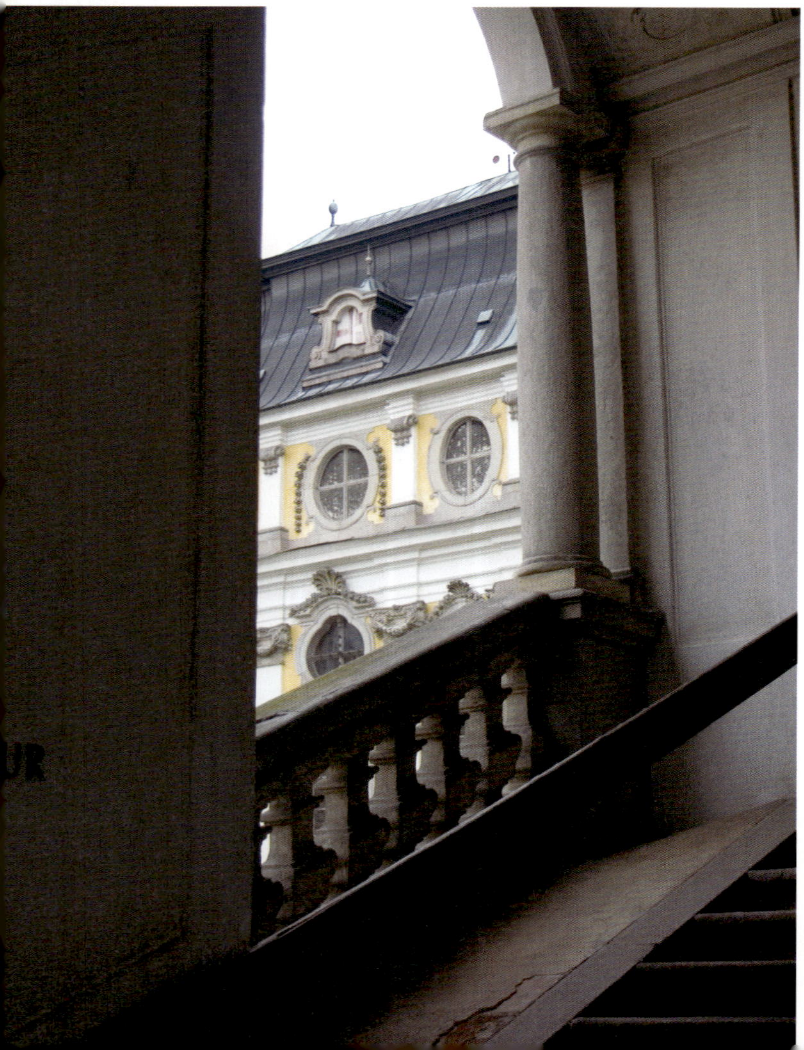
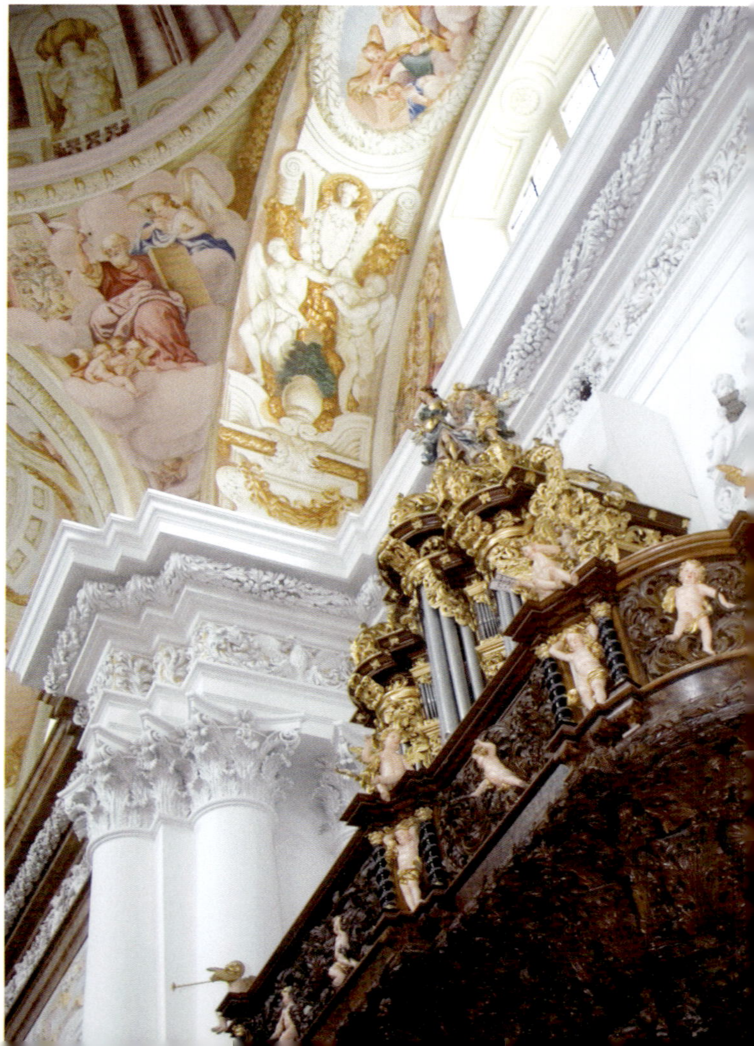

Stift St. Florian und der Landespatron

Wenn man von Linz aus ein paar Kilometer über sanfte, locker bewaldete Hügelkuppen fährt, dann tauchen nach einer Weile die Barocktürme des Augustiner Chorherrenstiftes St. Florian auf.

Formvollendet fügt sich das Stiftsgebäude mit der Kirche in die Landschaft und durchbricht den Steilhang eines Hügels. Nicht umsonst haben die Oberösterreicher das Wort von der „musikalischen Architektur Prandtauers" und der „architektonischen Musik Bruckners" geprägt.

Beide sind die künstlerischen Paten jenes Mammutklosters, das um 800 n. Chr. an der (angeblichen) Begräbnisstätte des hl. Florian errichtet wurde.

Unweit von hier, in Lorch (siehe Kapitel „Städte"), soll der Heilige ja wegen seines christlichen Glaubens mit einem Mühlstein um den Hals in der Enns ertränkt worden sein.

Im Jahr 2004, zu seinem 1 700. Todestag, wurde der hl. Florian auch offiziell, was er im Herzen der Oberösterreicher längst gewesen ist. Man krönte ihn zum Landespatron.

Heute ist St. Florian eines der größten klösterlichen Kulturzentren Europas. Unter den wuchtigen Fresken des Marmorsaals im Südflügel des Stiftes und zu Klängen der imposanten Bruckner-Orgel in der Stiftskirche werden Konzerte des jährlich in Linz stattfindenden Brucknerfestes veranstaltet. Traditionellerweise trifft man sich zu Stiftskonzerten von Juni bis Juli sowie im Rahmen der Brucknertage im August. Auch die Florianer Sängerknaben, die durch ihre Auftritte Weltruhm erlangt haben, werden im Stift ausgebildet. Doch nicht nur Musikfreunde, die hier auch das Grab Anton Bruckners besuchen können, kommen in St. Florian auf ihre Rechnung.

Kunstfreunde schätzen etwa die berühmten Deckenfresken von Altomonte im Marmorsaal und in der Bibliothek.

Oben: Stift Engelszell aus der Vogelperspektive
Mitte: Putte – Detail in der Stiftskirche
Unten: Ausschnitt des Sebastian-Altars von Albrecht Altdorfer – Anfang 16. Jahrhundert
Seite 102 oben links: Türme der Stiftskirche
Seite 102 oben rechts: Stiftskirche – Langhaus, Fresken mit Szenen vom Leben des hl. Florian
Seite 102 unten links: Blick aus einer Arkade auf die Hofseite des Bibliotheksaals
Seite 102 unten rechts: Chororgel in der Stiftskirche, um 1690

Als Tempel der Siegesfreude gilt der Marmorsaal. Dieser 30 Meter lange, 15 Meter breite und etwa gleich hohe Saal zählt ohne Zweifel zu Prandtauers Meisterstücken. Und nicht zuletzt dank des monumentalen Deckenfreskos von Martin und Bartolomeo Altomonte darf der Marmorsaal, der ursprünglich für die kaiserliche Tafel gedacht war und heute als Konzertsaal dient, als eines der hochwertigsten österreichischen Barockjuwele bezeichnet werden. Schon beim Eintreten hat man das Gefühl, Zeuge eines opulenten Schauspiels zu sein. Die Protagonisten sind echter Stuckmarmor, Blattgold, geschliffene Spiegel und vor allem die über alles dominierende Architektur und Freskenmalerei. Vor der Kulisse des im lichtdurchfluteten Altomonte-Blau gehaltenen Himmels spielt sich eine Fülle historischer und allegorischer Szenen ab. Der Siegesgott Zeus setzt unter einem geschwungenen Baldachin in Triumphatorpose seinen Fuß auf den nackten Leib eines Türken. Die Vertreter Österreichs und Ungarns huldigen ihm auf Knien liegend mit Siegespalmen in den Händen. Auf zwei großen Ölbildern sieht man die beiden Helden der Türkenkriege – Karl VI. mit dem Feldherrnstab und Prinz Eugen mit dem Degen. Beide Bilder wurden übrigens auch von Altomonte gemalt.

Im Zentrum der Bildergalerie des Stifts steht aber das Schaffen Albrecht Altdorfers, der dem Stift in ganz besonderer Weise verbunden war. Die Altdorfer-Sammlung in St. Florian ist die größte der Welt. Und das hat seinen Grund vor allem in jenem berühmten Sebastiansaltar, den Altdorfer zu Beginn des 16. Jahrhunderts im Auftrag von Probst Maurer geschaffen hat. Dieser Altar gilt neben dem Bild „Die Alexanderschlacht" als Hauptwerk des großen Meisters der Donauschule.

„Das Werk ist vollendet, die Prüfung vorbei! Gott sei gedankt!" Das schrieb der Laibacher Orgelbauer Franz Xaver Krismann an den Florianer Probst, als er das voluminöse Orgelwerk nach vierjähriger Bauzeit (1770–1774) endlich vollendet hatte. Die Orgel spielt auch im wahrsten Sinne des Wortes alle Register, die das orgelselige Barock zu bieten hatte: Vom Kuckucksruf bis zum Vogelgezwitscher reicht die Palette der 4 542 Orgelpfeifen aus Zinn und der 688 Pfeifen aus Holz.

Oben: *Ausschnitt des Deckenfreskos im Marmorsaal – Verherrlichung des Sieges von Österreich-Ungarn über die Osmanen, ein Meisterwerk von B. Altomonte (1723/1724)*
Unten: *Geschliffener Spiegel aus der kaiserlichen Spiegelmanufaktur zu Wien mit kunstvollem Barockrahmen im Marmorsaal mit Spiegelung des Deckenfreskos*
Rechts: *Kunstvoll gestalteter Marmortisch im Marmorsaal*

Seite 105 oben: *Hauptorgel der Stiftskirche – die Brucknerorgel auf der Westempore*
Seite 105 unten: *Der Marmorsaal im Südflügel – ein Entwurf von Jakob Prandtauer, fertiggestellt durch Jakob und Michael Steinhuber*

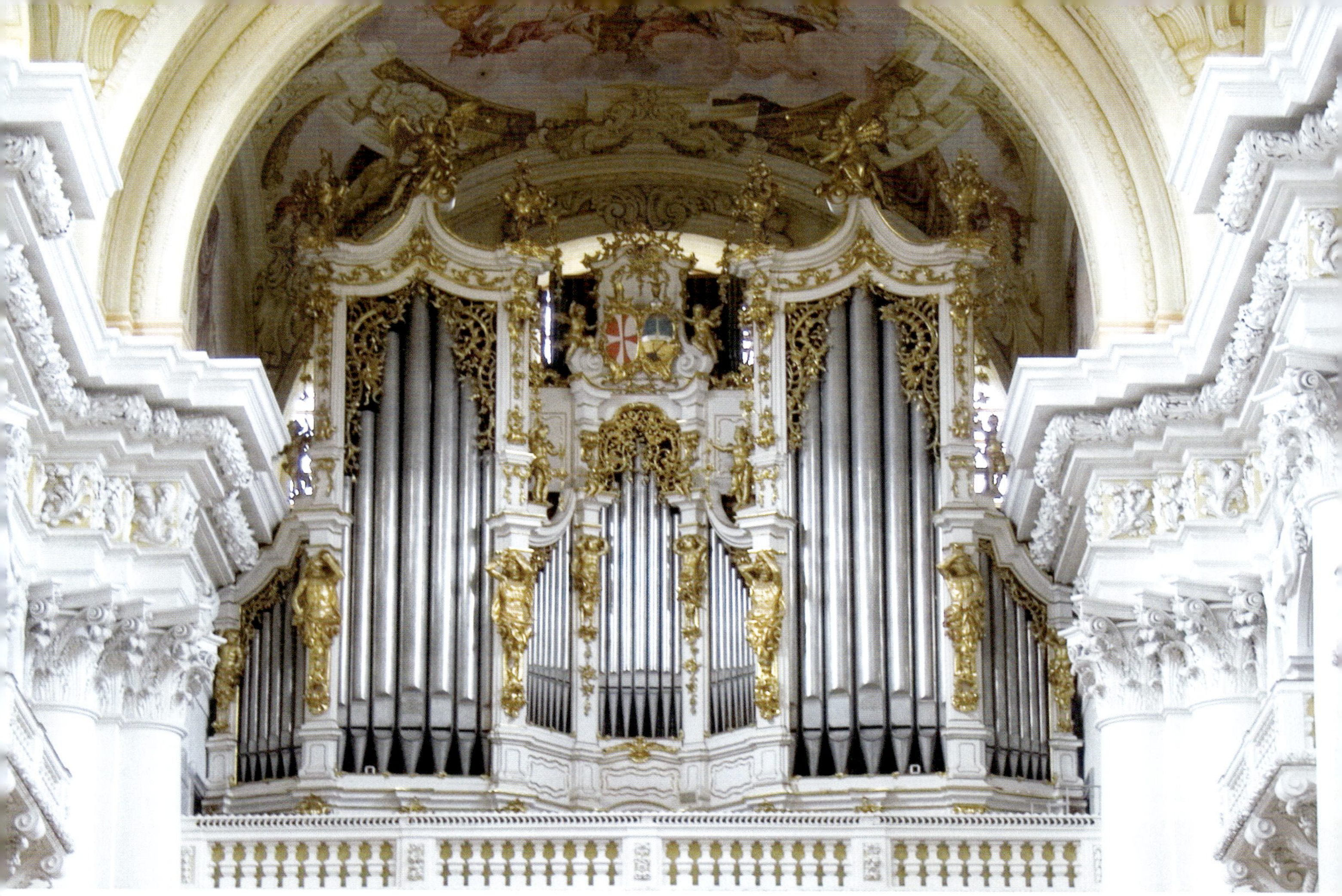

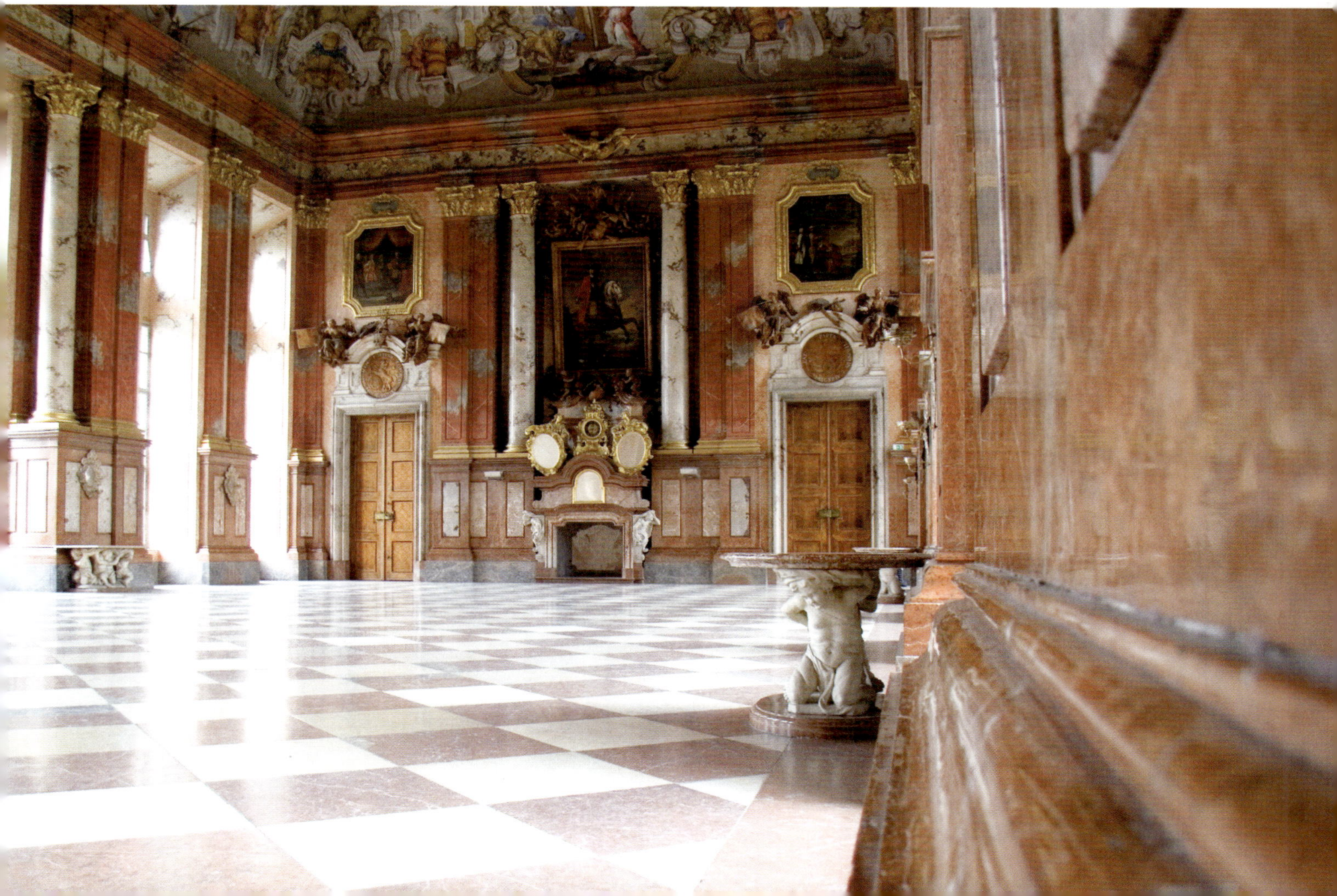

Im Hauptsaal der Bibliothek vermählen sich – nicht nur im Deckengemälde – Tugend und Wissenschaft. Diese allegorische Hochzeit ist jedoch viel mehr als nur ein prunkvolles Dekor für einen ebenso prunkvollen Biblilothekstrakt. Dahinter verbirgt sich auch so etwas wie ein geistiges und wissenschaftstheoretisches Programm. Die Wissenschaft soll sich zwar entfalten können, jedoch nicht frei von Ethik sein, wofür die Vermählung mit der Tugend garantiert. Dadurch, dass die Trauungszeremonie vor Gott und der Kirche geschlossen wird, wird hier nicht mehr und nicht weniger zelebriert als die Einbindung des menschlichen Forschergeistes in eine christliche Dogmatik und eine unerschütterliche Werteskala von ewigem Bestand. Die rund 140 000 Bände umfassende Bibliothek mit ihren 800 alten Handschriften, die zum Teil noch aus dem 9. Jahrhundert stammen, bietet einen breit gefächerten Querschnitt durch das, was wir die abendländische Kultur nennen. In Schaukästen werden die schönsten Beispiele der weltberühmten Florianer Schreibschule ausgestellt, deren Initialenmalereien allein der Rang erlesener Kunstwerke zukommt. Auch auf dem Gebiet der ersten Erzeugnisse der Buchdruckerkunst – der Inkunabeln – hat St. Florian Bedeutendes zu bieten: Der älteste vorhandene Druck stammt aus dem Jahr 1473. Nur 18 Jahre zuvor hatte Johannes Gutenberg seinen ersten Bibeldruck fertiggestellt.

In der Krypta unter dem Hochaltar der Stiftsbasilika befindet sich der Steinsarg der Klausnerin Wilbirg, die 41 Jahre lang (1248–1289) eingemauert in einer Klause an der Klosterkirche lebte und als Schutzpatronin des Stifts verehrt wird. Gleich gegenüber steht der Steinsarg der Witwe Valeria, die den hl. Florian der Legende nach an der Stelle der heutigen Stiftsbasilika begraben hat.
Auch der angebliche Mühlstein, mit dem der hl. Florian ertränkt wurde, ist dort zu besichtigen. Interessant sind die romanischen und gotischen Elemente des ältesten Teils des Stifts. In der Gruft unter der Kirche haben neben zahlreichen Äbten und Chorherren auch weltliche Förderer des Stifts in Kupfersärgen ihre letzte Ruhestätte gefunden. Direkt unter der Bruckner-Orgel steht der Sarkophag des wohl prominentesten Florianer Sängerknaben, den das Stift jemals hervorgebracht hat – Anton Bruckner.

Oben: Detailansicht der Stiftsbibliothek – die Ordnung der Bücher erfolgt nach Wissensgebieten
Unten: Inkunabel in der Stiftsbibliothek – die Bibliothek umfasst rund 140 000 Bände, über 800 Inkunabeln und rund 800 Handschriften. Die ältesten Handschriften stammen aus dem 9. und 10. Jahrhundert.

Rechts: Bücherwand mit Geheimtür – an die Hauptbibliothek reihen sich weitere acht Bibliotheksräume. Erbaut wurde die Bibliothek von Gotthard Hayberger zwischen 1744 und 1750 nach Entwürfen von Jakob Prandtauer.

Um den Reichtum der Kunstschätze dieses Stifts ermessen zu können, sollte man es unbedingt besuchen.

Da der hl. Florian seinen Tod im Wasser finden musste, gilt er als Schutzpatron der Feuerwehrleuet. Floglich ist in den ehemaligen Mauern der Stiftsmeierei das Feuerwehrmuseum der oberösterreichischen Feuerwehren zu besichtigen. Liebevoll ist hier in großen Schauräumen die Geschichte der Feuerbekämpfung dokumentiert.

Oben: Grabstein eines unbekannten Bischofs in der Gruft
Mitte: Steinsarkophag der Witwe Valeria, welche der Legende nach den Leib des hl. Florian hier begraben haben soll
Unten: Detail einer romanischen Säule in der Krypta

Links oben: Die romanischen Säulen und Fenster in der Krypta sind wohl die ältesten Teile des Stifts
Links unten: Der Sarkophag des Komponisten Anton Bruckner befindet sich unter der Haupt-Orgel. Dahinter sieht man die Gebeine von rund 9000 Menschen, die am Friedhof 1291 ausgegraben wurden.

ANNO
DNI.
MDC.
LXXXI.

VERE
DOMINVS
EST IN LOCO
ISTO.
GEN.XXVIII.

Die Stimmzettel in den Tassilokelch

Wenn die Mönche des Stifts Kremsmünster zur Abtwahl zusammentreten, dann ist dies eine feierliche
Zeremonie. Als Wahlurne dient auch heute noch der nach
dem Stifter von Kremsmünster benannte Tassilokelch.

Der Bayernherzog Tassilo III. hatte das Kloster 777 n. Chr. knapp an der Grenze zum damaligen Awarenreich gegründet. Der Legende nach soll des Herzogs
Sohn Gunther genau an der Stelle des heutigen Klosters bei der Jagd von einem
wilden Eber getötet worden sein. Geschichtlich ist dieser Vorfall allerdings nicht
belegt. Erst 523 Jahre später wurde diese Gündungslegende schriftlich festgehalten. Aus dieser Zeit stammt auch das Gunthergrab in der Stiftskirche.

Die Kremsmünsterer Benediktiner haben im Lauf der Jahrhunderte viel Unge-
mach erlitten. So wurde das Kloster während des Ungarnsturms zu Beginn des
10. Jahrhunderts vollständig vernichtet. Seine größte Blütezeit erlebte Kremsmünster jedoch im Barock. Die Gestalt, die das Kloster damals bekam, ist bis
heute unverändert.

Die traditionelle Funktion Kremsmünsters als Bildungsträger belegt die direkt
neben dem Stift liegende Sternwarte, der sogenannte mathematische Turm,
zu dessen Observatorium 290 Stufen führen. Sie wurde Mitte des 18. Jahrhunderts erbaut und gilt als erstes Hochhaus Europas. Seit der Stiftsgründung waren
neben der Suche nach Gott und dem Gebet auch Bildung und Erziehung ein
wichtiger Teil des klösterlichen Lebens: 1549 gründete Abt Gregor Lechner das
Stiftsgymnasium, das zu den angesehensten Schulen des Landes zählt. Als wohl
berühmtester Schüler ist Adalbert Stifter zu nennen.

Um dem Fastengebot zu genügen, beauftragten die Mönche 1691 Antonio Carlone mit dem Bau des Fischkalters: Das im äußeren Stiftshof befindliche Juwel
barocker Baukunst umfasst mehrere Fischbehälter, die von prachtvollen Arkadengängen umgeben sind. Jakob Prandtauer erweiterte sie im 18. Jahrhundert.

Oben: *Wasserwehrgraben des Stifts*
Mitte: *Tassilokelch – einer der kostbarsten
Kunstschätze des Stifts*
Seite 108 oben links: *Die Barocktürme der
Stiftskirche*
Seite 108 oben rechts: *Der Fischkalter von
C. A. Carlone und J. Prandtauer*
Seite 108 unten: *Hochgrab von Herzog Tassi-
los Sohn Gunther, im freigelegten romanischen
Teil der Stiftskirche*

Oben: *Stuckarbeiten und Deckenfresken im Seitenschiff der Stiftskirche*
Mitte: *Flämische Bildteppiche schmücken während der Festzeiten die Pfeiler des Mittelschiffs*
Rechts: *Die Marmorengel tragen die Altarbilder im Seitenschiff*
Seite 111 oben: *Die Stiftsbibliothek*
Seite 111 unten links: *Psalter von 1465 mit Initialmalerei – Herzog Tassilo III. hält kniend das Modell der Stiftskirche*
Seite 111 unten rechts: *Praxis medicinae infallibilis – Frankfurt 1715*

Der Fischkalter wirft nicht nur ein bezeichnendes Licht auf die architektonische, sondern auch auf die nicht zu vernachlässigende kulinarische Kultur des damaligen Klosterlebens.

Die dreischiffige Stiftskirche besitzt unter der barocken Ummantelung noch ihren romanisch-gotischen Kern. In der Gunther-Kapelle im Südturm befindet sich das aus Nagelfluh (Konglomerat-Gestein) gearbeitete Hochgrab von Herzog Tassilos sagenumwobenem Sohn. Durch die romanischen Fenster und das gotische Gewölbe lässt sich erahnen, wie die Kirche ursprünglich aussah. Im Mittelschiff wird das Gewölbe von zwölf mächtigen Pfeilern getragen, die an besonderen Festtagen von flämischen Bildteppichen geschmückt werden. Der Hochaltar zeigt das Gemälde „Verklärung Christi" des Münchner Hofmalers Andreas Wolf. Zwei Marmorengel aus der Hand des Bildhauers Josef Anton Pfaffinger tragen den vergoldeten Rahmen des Bildes – auch in den Seitenschiffen finden wir zahlreiche Marmorengel des Bildhauers.

Schreitet man durch die vier lichtdurchfluteten Säle der Stiftsbibliothek, so kann man feststellen, dass hier noch laufend an der Katalogisierung der rund 150 000 Bände gearbeitet wird. Die bemerkenswerten Fresken stellen biblische und historische Begebenheiten dar. In den geschnitzten Bücherschränken befinden sich wahre Schätze mittelalterlicher Handschriften und Inkunabeln.

Einen Einblick in die Geschichte des Stifts geben auch die Gemäldegalerie, die Wunderkammer und die Waffenkammer. Im sogenannten Gobelinzimmer sind die Hauptattraktionen des Klosters, der Tassilokelch, der Tassiloleuchter und der Codex Millenarius, untergebracht. Umsäumt werden diese Kunstwerke von den herrlichen Wandteppichen, die Szenen aus der Geschichte des mongolischen Chans Tamerlan und seines osmanischen Gegners, des Sultans Bayezid, darstellen. Aus der Zeit der Klostergründung stammt der Kelch, der für Tassilos langobardische Gemahlin Liutpirc angefertigt wurde. Neben der Abtwahl wird er heute auch noch als Messkelch bei der Patronatsfeier am 11. Dezember sowie am Gründonnerstag verwendet.

Der Kaisersaal gilt als Prunksaal des Stifts und wurde ebenfalls von Antonio Carlone errichtet. Das illusionistische Deckenfresko des Münchner Malers Melchior Steidl stellt den Triumphzug des Sonnengottes Apollo dar, der auf seinem Sonnenwagen ausfährt, um die Nacht zu vertreiben. Steht man unter dem prunkvollen Messingleuchter in der Mitte des Saales und blickt nach oben, so befindet man sich genau an dem Punkt, von dem aus die Säulen des illusionistischen Freskos aufrecht stehend erscheinen. Die Wandgemälde des Malers Martino Altomonte zeigen die Porträts der Habsburger Kaiser von Rudolf dem Stifter bis zu Karl VI.

Einen abschließenden Besuch in der Stiftsschank sollte man auf keinen Fall auslassen – schon alleine wegen der hervorragenden Weine aus der eigenen Stiftskellerei.

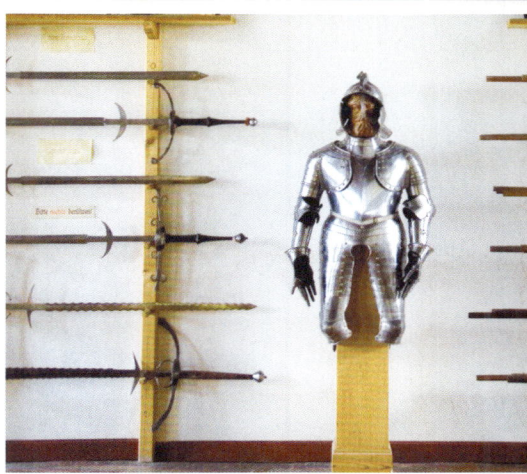

Oben: *Sitzfläche des Elefantenstuhles mit Inschrift*
Mitte: *Wappen des Abtes Anton Wolfradt an der Decke im Wolfradtsaal*
Unten: *Waffenkammer – Offiziers-Harnisch des Stifts-Rüstmeisters um 1560*
Rechts oben: *Gemälde „Vier Elemente" von Jan Brueghel d. Ä. in der Gemäldegalerie*
Rechts unten: *Schaukästen mit zahlreichen Kunstwerken aus Glas und Elfenbein*
Seite 112 oben links: *Kaisersaal – Messingleuchter und Deckenfresko von Melchior Steidl, 1696*
Seite 112 oben rechts: *Elefantenstuhl in der Wunderkammer*
Seite 112 unten: *Der Zimelienraum oder das Gobelinzimmer beherbergt die Schätze des Stifts, darunter den Tassilokelch*

Das Böhmerwaldstift Schlägl

Schon zu Beginn des 13. Jahrhunderts wurden in den dichten Waldungen im Mühltal Mönche zu Rodungszwecken angesiedelt. 1204 versuchten die Zisterzienser, in der unwirtlichen Gegend ein Kloster zu gründen, was ihnen jedoch nicht gelang.

Die Prämonstratenser hatten wenige Jahre später Erfolg und gründeten am heutigen Standort nahe der Großen Mühl das Stift, welches bis heute noch von ihnen bewirtschaftet wird.

Durch das in der Spätrenaissance vom Mühlviertler Künstler Hans Getzinger geschaffene Stiftsportal betritt man den Stiftshof. Gleich rechts befindet sich der Eingang zur Stiftskirche mit dem frühbarocken Marmorportal, welches der Linzer Steinmetz Anton Spaz 1654 vollendete.

Die Stiftskirche Mariä Himmelfahrt stammt in ihren Grundfesten bereits aus den Jahren 1242 bis 1260, wurde aber im 15. Jahrhundert gotisiert und erweitert. Die dreischiffige gotische Kirche, die in verschiedenen Ebenen aufwärtsstrebend mit Treppen angelegt ist, wirkt außerordentlich hoch. Auch das Zeitalter des Barock ging an dem basilika ähnlichen Langhaus nicht spurlos vorüber. Besonders beeindruckend sind das kunstvoll geschmiedete Chorgitter aus dem Jahr 1635 sowie die an der Westwand befindliche große Orgel von 1634 – sie ist ein Meisterwerk des Orgelbauers Andreas Putz aus Passau. Vom rechten Seitenschiff aus gelangt man durch spitzbogige Öffnungen in die spätgotische Veitskapelle – von dort kommt man über eine Seitentür zu den Räumlichkeiten des Stifts. Einen historisch besonders wertvollen Raum entdeckte man während der Renovierungsarbeiten in den Jahren 1988–1990. Eine bis dahin zugeschüttete Turmkapelle mit einzigartiger gotischer Architekturmalerei wurde freigelegt. Von dort gelangt man über einen schmalen Gang in die mystisch wirkende romanische Krypta unter dem Chor der Stiftskirche, der von einer Säule in der Mitte getragen wird. Gleich anschließend, durch einen Rundbogen zugänglich, befindet sich die gotische Krypta. Blickt man an die Decke dieses Raumes, so hat man

Oben: *Detail der gotischen Turmkapelle*
Unten: *Romanische Krypta – der älteste Raum des Klosters unter dem Chor der Kirche*
Seite 114 oben links: *Das Renaissancekirchenportal schmückt den Stiftshof von Schlägl*
Seite 114 oben rechts: *Barocker Kirchturm der Stiftskirche*
Seite 114 unten links: *Der Kirchenraum im mittelalterlich-gotischen Stil*
Seite 114 unten rechts: *Orgelempore in der Stiftskirche*

den Eindruck, als wäre diese in jüngster Zeit mit Schalbeton verstärkt worden. In Wirklichkeit handelt es sich aber um ein sogenanntes gotisches Gratgewölbe, welches das darüber befindliche Presbyterium trägt.

Die Bildersammlung des Stifts wird in der 1903 eröffneten Gemäldegalerie gezeigt. Hier findet man eine breite Palette sakraler und mythologischer Kunstwerke, wo neben den Gemälden und Bildtafeln auch interessante Skulpturen spätgotischer Mariendarstellungen zu sehen sind. Herausragend ist das großartige Christusgemälde des 2005 verstorbenen Linzer Malers Fritz Aigner, der eine starke Verbundenheit zum Stift Schlägl hatte.

Auf dem Weg zur Bibliothek kommt man durch die Porträtgalerie – eine Sammlung der Porträts aller Mönche des Stifts seit 1802.

Die beeindruckende Stiftsbibliothek mit ihrer umlaufenden Galerie enthält rund 60 000 Bücher, darunter zahlreiche Handschriften und Inkunabeln. Sie wurde im 19. Jahrhundert errichtet.
Kunstvoll bestickte und mit Gold und Perlen besetzte Messgewänder und wertvolle liturgische Geräte zeugen in der Prälatensakristei vom einstigen Reichtum des Stifts.

Das sogenannte Böhmerwaldkloster ist aber nicht nur als geistiges, sondern auch als Wirtschaftszentrum des Oberen Mühlviertels von Bedeutung. Eine Besonderheit ist die Klosterbrauerei.

Oben: *Krypta mit gotischem Gratgewölbe*
Mitte: *Christusgemälde des Linzer Malers Fritz Aigner in der Gemäldegalerie*
Rechts: *Mönchshabite in der Sakristei*
Seite 117 oben: *Die Stiftsbibliothek entstand im Zeitraum von 1829–1852*
Seite 117 unten links: *Gemäldegalerie, erbaut von Mühlviertler Steinmetzen*
Seite 117 unten rechts: *Der kunstvoll bestickte Doxaner Ornat, 1748, darunter: Die Priestersakristei mit geschnitztem Schrank und Reliquienschreinen*

Stift Lambach – Barockjuwel im Trauntal

Oben: Innenansicht, Orgelempore der Stiftskirche Lambach
Unten: Statue des Klostergründers hl. Adalbero, Bischof von Würzburg
Seite 119 oben: Außenansicht Stift Lambach
Seite 119 unten links: Marmor-Hochaltar in der Stiftskirche
Seite 119 unten rechts: Eingangsportal zum Stift von Jakob Auer, 1693

Die Geschichte des Stifts Lambach reicht bis an die erste Jahrtausendwende n. Chr. zurück. Damals entschloss sich Graf Arnold II. von Lambach-Wels, genannt „der Traungauer", die Burg Lambach in ein weltliches Kollegialstift umzuwandeln.

Der spätere Ortsheilige aus dem Geschlecht Lambach-Wels, Adalbero, Bischof von Würzburg, machte bereits 1056 ein Kloster daraus und siedelte hier Benediktinermönche an. Im Krieg zwischen dem Babenberger Friedrich II. und dem Bayernherzog Otto II. wurde 1283 fast die gesamte romanische Klosteranlage zerstört. Im 15. Jahrhundert wurde unter reger Bautätigkeit das Stift wiederaufgebaut. Das heutige Erscheinungsbild des Klosters stammt aus dem 17. und 18. Jahrhundert, als das Traunstift Lambach barockisiert wurde.

Durch ein Marmorportal an der Westseite des Stiftes betritt man die Klosteranlage. Die Stiftskirche ist für ihre schönen Gewölbe und Stuckarbeiten bekannt. Beeindruckend ist der von Säulen getragene marmorne Hochaltar mit seinen überlebensgroßen Heiligenstatuen und dem kunstvoll verzierten Tabernakel. Das ursprünglich in der Mitte der Kirche befindliche Hochgrab des Klostergründers wurde in der josephinischen Ära entfernt, die Grabplatte mit der Figur des hl. Adalberosh befindet sich heute an der Wand gegenüber der Kanzel. Im früheren Läuthaus des Westchors der Stiftskirche befinden sich die ältesten romanischen Fresken Österreichs, sie stammen aus dem 11. Jahrhundert. Durch die im Barock durchgeführten Umbauten wurden die Fresken verbaut, erst im 19. Jahrhundert wiederentdeckt und in den 60er Jahren des vorigen Jahrhunderts restauriert. Diese beeindruckende, raumfüllende Wandmalerei umfasst Szenen aus dem Leben Jesu und vermittelt uns heute einen Eindruck vom künstlerischen Schaffen längst vergangener Zeiten.

Gleich neben der Sakristei, mit der bis ins kleinste Detail ausgeführten Stuckdecke und den von höchster Handwerkskunst zeugenden Sakristeischränken, befindet sich die Schatzkammer mit zahlreichen spätgotischen Kunstschätzen.

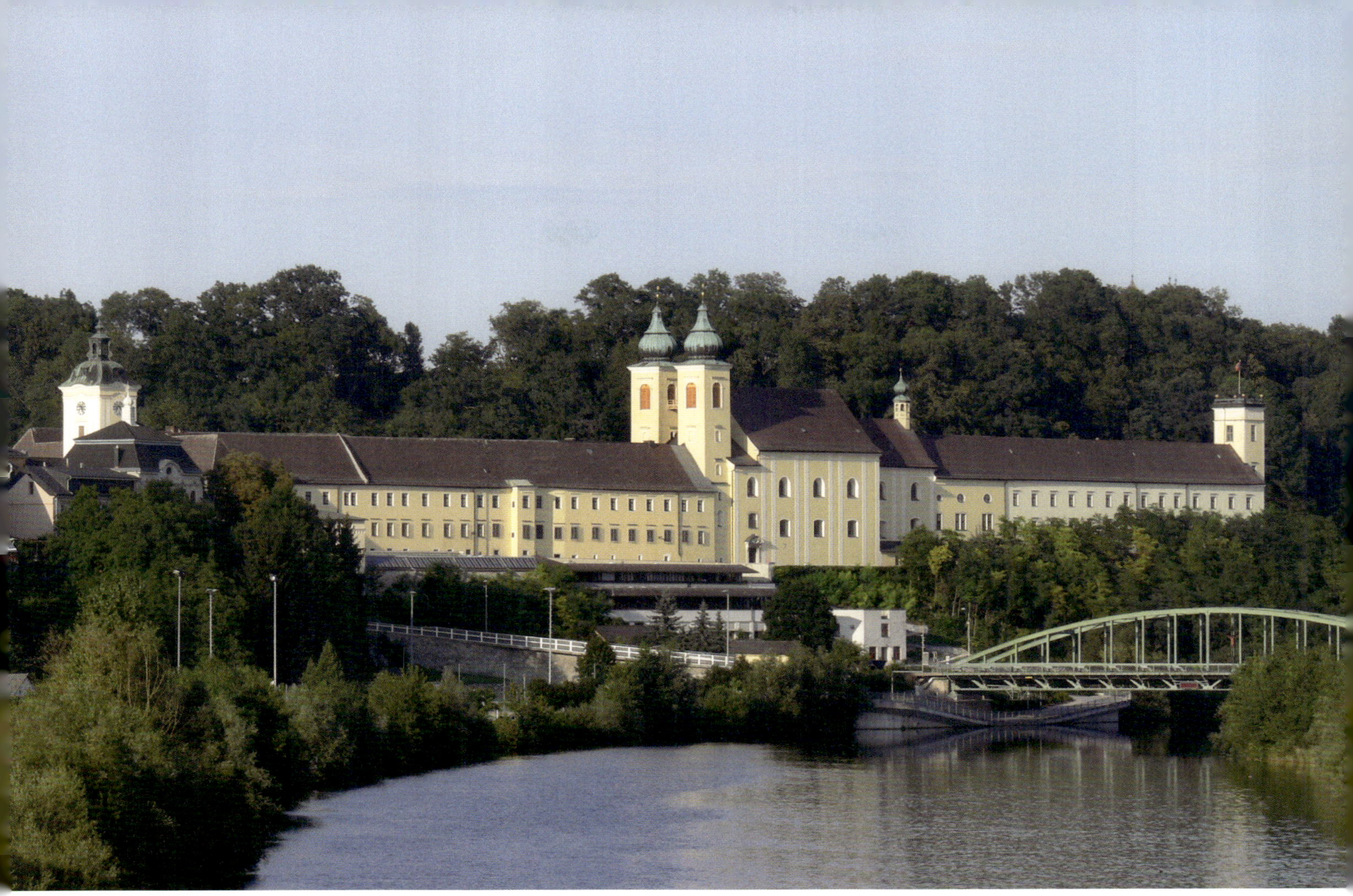

BENEDICDOMINE
DOMVMISTAM
ERVIRESVPERIS
BEATAESTSERVITV

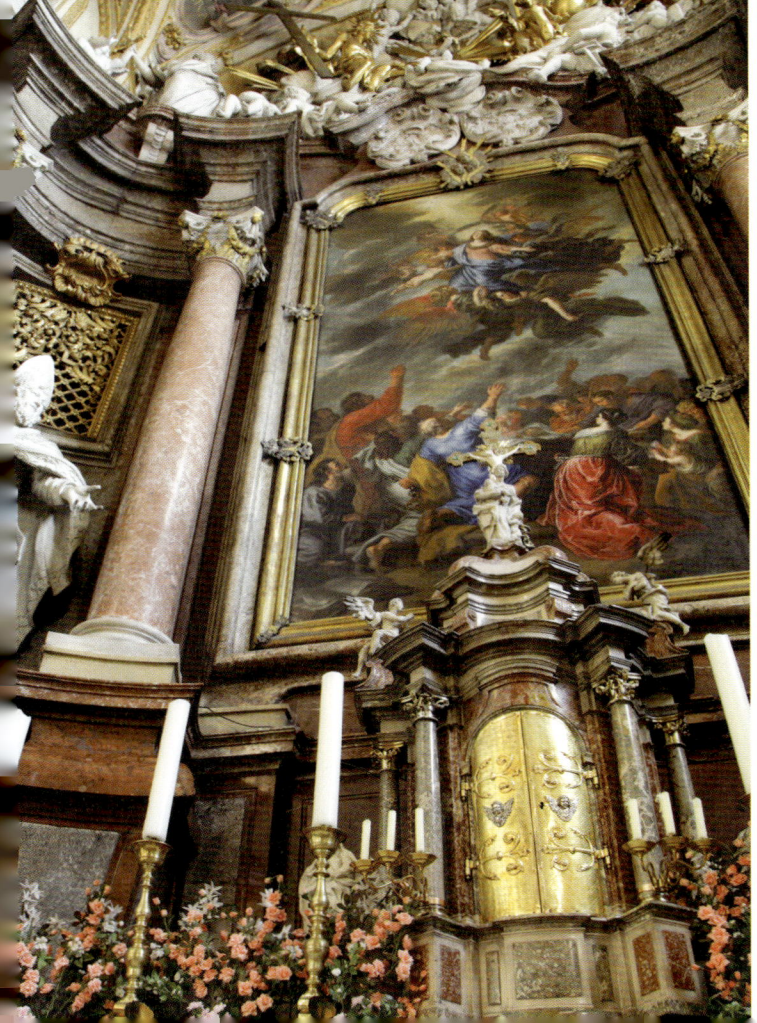

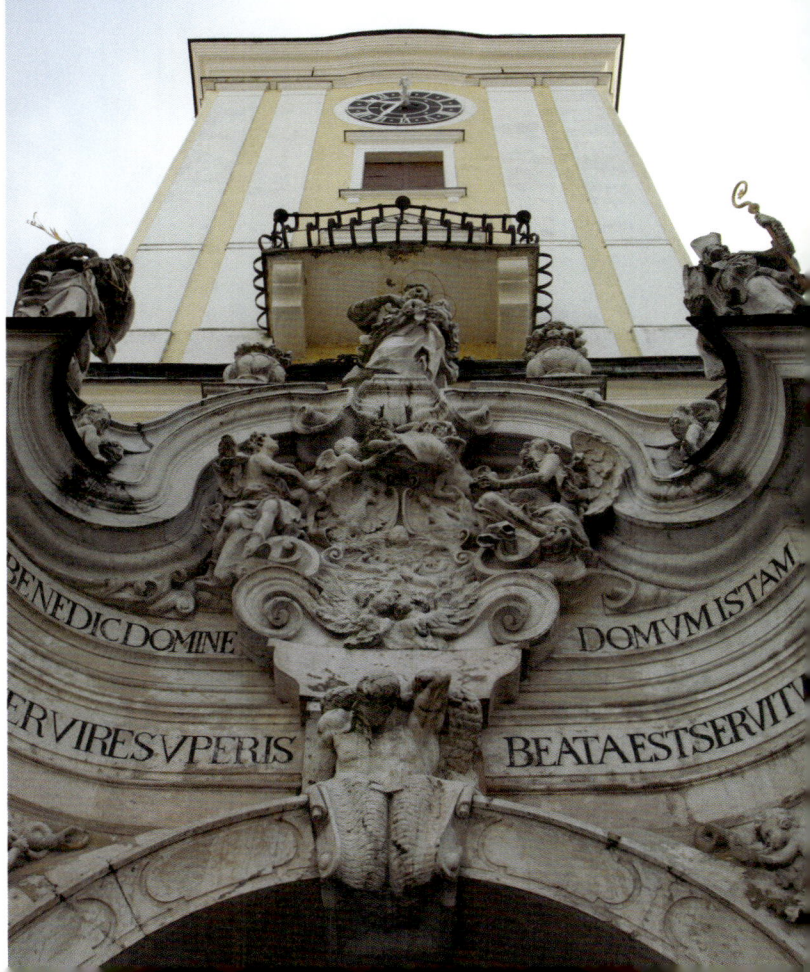

Das wertvollste Stück ist der Adalberokelch – leider stammt nur mehr die Cuppa aus romanischer Zeit. Im Klosterarchiv befinden sich zahlreiche Urkunden und Handschriften, darunter auch die einzig vorhandene Abschrift der Lambacher Symphonie von W. A. Mozart. Im reich stuckierten Betchor über der Sakristei befindet sich ein Wandgemälde, welches die Gründungslegende Lambachs darstellt – die drei Studienfreunde und Klostergründer Adalbero, Gebhard und Altmann sind hier verewigt. Im Hintergrund erkennt man ihre Klöster Lambach, Admont und Göttweig.

Als Prunksaal des Stifts kann man das Sommerrefektorium bezeichnen – hier zeichnet wieder einmal die Familie Carlone für eines ihrer Meisterwerke. Baulich verantwortlich war Carlo Antonio Carlone, die kunstvollen Stuckarbeiten führte Diego Francesco Carlone durch, der auch für den wundervoll ausgeführten Stuck im über dem Sommerrefektorium gelegenen Ambulatorium verantwortlich ist. Mit ihren reichen Verzierungen beeindruckt die Lesekanzel von Balthasar Melber aus Enns. Gleich neben dem Ambulatorium befindet sich die Bibliothek mit den Deckenfresken im großen Saal, die 1698 von Melchior Steidl gemalt wurden. Bestechend in seiner kunstvollen, mit Intarsien versehenen Ausarbeitung ist das in der Bibliothek stehende Lese-Drehpult mit Doppelschreibtisch.

Auf der Reise zu ihrem königlichen Gemahl nach Frankreich bezog die Kaiserstochter Marie Antoinette Quartier in Lambach. Um ihr den Aufenthalt so kurzweilig wie möglich zu gestalten, ließ Abt Amandus Schickmayr das Stiftstheater generalsanieren – es wurde am 23. April 1770 in Anwesenheit der Kaiserstochter feierlich mit dem Stück „Der kurzweilige Hochzeitsvertrag" eröffnet. Auch heute noch ist das Stiftstheater in Betrieb und wird von der Lambacher Theaterszene genützt.

Spaziert man von Lambach die Traun etwa eine Viertelstunde flussaufwärts, so erreicht man die idyllische Wallfahrtskirche von Stadl-Paura. Sie wurde vom Linzer Baumeister Johann Michael Prunner als kuppelgewölbter Zentralraum erbaut und gilt aufgrund ihrer originellen Dreiteilung als eines der bedeutendsten Barockbauwerke des Landes. Im Gesamtentwurf des Bauwerks spiegelt sich die Hl. Dreifaltigkeit wider, die auch im bemerkenswerten Kuppelfresko von Carlo Carlone zum Ausdruck kommt.

Oben: *Wandgemälde im Betchor – Gründungslegende: Adalbero, Gebhard und Altmann geloben, Lambach, Göttweig und Admont zu gründen*
Mitte: *Barockes Stiftstheater (1693)*
Unten: *Dreifaltigkeitskirche in Stadl-Paura*
Unten Mitte: *Ambulatorium – marmorierte Säulen stützen die reich verzierte Stuckdecke*

Seite 120 oben: *Sommerrefektorium – der Prunksaal des Stifts*
Seite 120 unten links und rechts: *Spätottinisch-byzantinische Freskenmalerei aus dem 11. Jahrhundert – die Sezene im linken Bild zeigt: „Der zwölfjährige Jesus im Tempel unter Priestern und Schriftgelehrten"*

Schlierbach – ein „kulinarisches" Kloster

Essen und Trinken steht im Stift Schlierbach neben den religiösen Aufgaben an vorderster Stelle. Das soll nicht heißen, dass die Mönche dort mehr essen als anderswo; allerdings haben sie, was die Herstellung von Käse betrifft, weit über die Landesgrenzen hinaus den besten Ruf.

„Mahlzeit" war die Devise der Oberösterreichischen Landesausstellung 2009. Das Thema „Essen und Trinken" – die elementarsten Bedürfnisse des Menschen – lockte eine wahre Rekordzahl an Besuchern in das für seinen Weichkäse berühmte Zisterzienserstift. Direkt im Kloster befindet sich die Käserei und sorgt dafür, dass man in den barocken Gemäuern nicht nur den Duft der umliegenden Waldungen riecht. Schlierbach, 1355 als Nonnenkloster gegründet und seit 1620 von Zisterziensern bewohnt, birgt jedoch auch zahlreiche nicht kulinarische Schätze. Hier schufen Pietro Francesco und Carlo Antonio Carlone eine großartige Wandpfeilerkirche mit zahlreichen Kapellen und großzügigen Emporen. In der Marienkapelle befindet sich die berühmte Schlierbacher Madonna, eine Marienstatue aus dem 14. Jahrhundert.

Wuchtige Stuckarbeiten wechseln mit duftiger Ornamentik. Darüber hinaus ist Stift Schlierbach auch für den Bernardisaal mit seinen zahlreichen Ölgemälden, Stuckarbeiten, Fresken sowie Kaminen und Türen aus reinem Marmor berühmt. Als barockes Juwel kann man die 1712 errichtete Bibliothek bezeichnen. Interessant ist vor allem die umlaufende Galerie mit ihren vergoldeten Balustradengittern.

Dass Schlierbach schon seit jeher ein Zentrum des geistigen Lebens dieser Region war, dokumentieren auch das Gymnasium und die Landwirtschaftsschule. Ein vielfältiges Programm bietet das Bildungszentrum des Stifts Schlierbach seinen Kursteilnehmern.

Oben: *Schlierbacher Madonna, 14. Jahrhundert*
Mitte: *Der Kreuzgang mit Marien-Gnadenbildern in- und ausländischer Wallfahrtsorte*
Unten: *Putte in der Stiftskirche*
Seite 122 oben rechts: *Spätbarocke Stuckdecke im Langhaus der Stiftskirche*
Seite 122 unten links: *Stiftsbibliothek mit umlaufender Galerie*
Seite 122 unten rechts: *Bernardisaal – der Prunksaal des Stifts*

Das Wahrzeichen der Innschiffer

Oben: Figur des Erzengel Michael am Brunnen im Stiftshof
Mitte: Ansicht des Klosters mit der Stiftskirche
Unten: Das gotische Siegel des Stifts
Seite 125 oben links: Blick in die Bibliothek
Seite 125 oben rechts: Blick auf die vergoldete Kanzel in der Stiftskirche
Seite 125 unten links: Der Marmorbrunnen in Brunnenhaus
Seite 125 unten rechts: Grabplatten im Kreuzgang

*W*enn man die Wasserstraße des Inns entlangfährt, dann sieht man schon von weitem eines der geistigen Zentren des bayrisch – oberösterreichischen Raums. Bereits im 11. Jahrhundert grüßte Stift Reichersberg die Salz-Schiffer von hoher Ufertrasse herab.

Rund 20 Kilometer südlich von Schärding liegt das Augustiner-Chorherrenstift welches die Herren von Reichersberg 1084 gründeten. Nach einem Brand im 17. Jahrhundert wurde die Stiftskirche neu errichtet. Bekannt ist der frühbarocke Saalbau vor allem durch die einfühlsame Rokokomalerei des Münchner Hofmalers Christian Wink. Markant ist der Brunnen in der Mitte des Stiftshofs mit der Figur des hl. Michael, ein Werk von Thomas Schwanthaler aus der Rieder Bildhauerfamilie.

Der Kreuzgang öffnet sich hin zum Innenhof des Konventgebäudes. In ihm befinden sich 105 Marmorgrabplatten die jüngste aus der Zeit des 13. Jahrhunderts aber auch Werke des Meisters Thomas Schwanthaler sind darunter zu finden.

Das mächtige Marmorportal des Salzburger Meisters Jakob Möls führt in den Bibliotheksaal der vom maler Johann Nepomuk Schöpf mit Deckenfresken ausgestattet wurde. Beim großen Klosterbrand von 1624 dem auch die Bibliothek zum Opfer fiel, konnten leider nur wenige Bücher gerettet werden, so dass im Vergleich zu anderen Klöstern der Bestand von nurmehr 25 000 Bänden ein überschaubarer ist.

Ein wundervolles Werk von Carlo Antonio Carlone ist das Brunnenhaus, das von Giovanni Battista Carlone üppig stuckiert wurde. Sehenswert ist vor allem der Marmorbrunnen.

Heute gehört Reichersberg mit seinem umfangreichen Seminar und Veransatltungsprogramm, zu den bedeutendsten Kulturzentren des Innviertels.

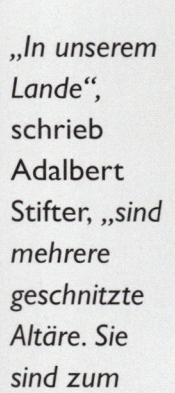

„In unserem Lande", schrieb Adalbert Stifter, *„sind mehrere geschnitzte Altäre. Sie sind zum Teile schon sehr beschädigt und drohen in kürzerer oder längerer Zeit zugrunde zu gehen. Da haben wir nun einen auf meine Kosten wiederhergestellt."*

Der Kefermarkter Altar

Der Kefermarkter Flügelaltar, der im 15. Jahrhundert mit einer Höhe von 13,5 Metern aus Lindenholz geschnitzt wurde, wäre der Gegenwart um ein Haar verloren gegangen.

Dass wir die überlebensgroßen, an Veit Stoß in Krakau gemahnenden Statuen des hl. Petrus, des hl. Wolfgang und des hl. Christophorus heute noch bewundern können, verdanken wir dem oberösterreichischen Dichter Adalbert Stifter. Er ließ den völlig verkommenen Altar gegen Ende der Biedermeierzeit restaurieren.

Oben links: *Flügelaltar in der Pfarrkirche Kefermarkt*
Oben rechts: *Kefermarkter Altar, Schreinwächter: hl. Georg mit dem Drachen*
Unten rechts: *Kefermarkter Altar, Hauptschrein: hl. Petrus, hl. Wolfgang, hl. Christophorus*

Oben: *Pacher-Altar, Pfarrkirche St. Wolfgang*
Unten: *Pacher-Altar: die Beschneidung Jesu*

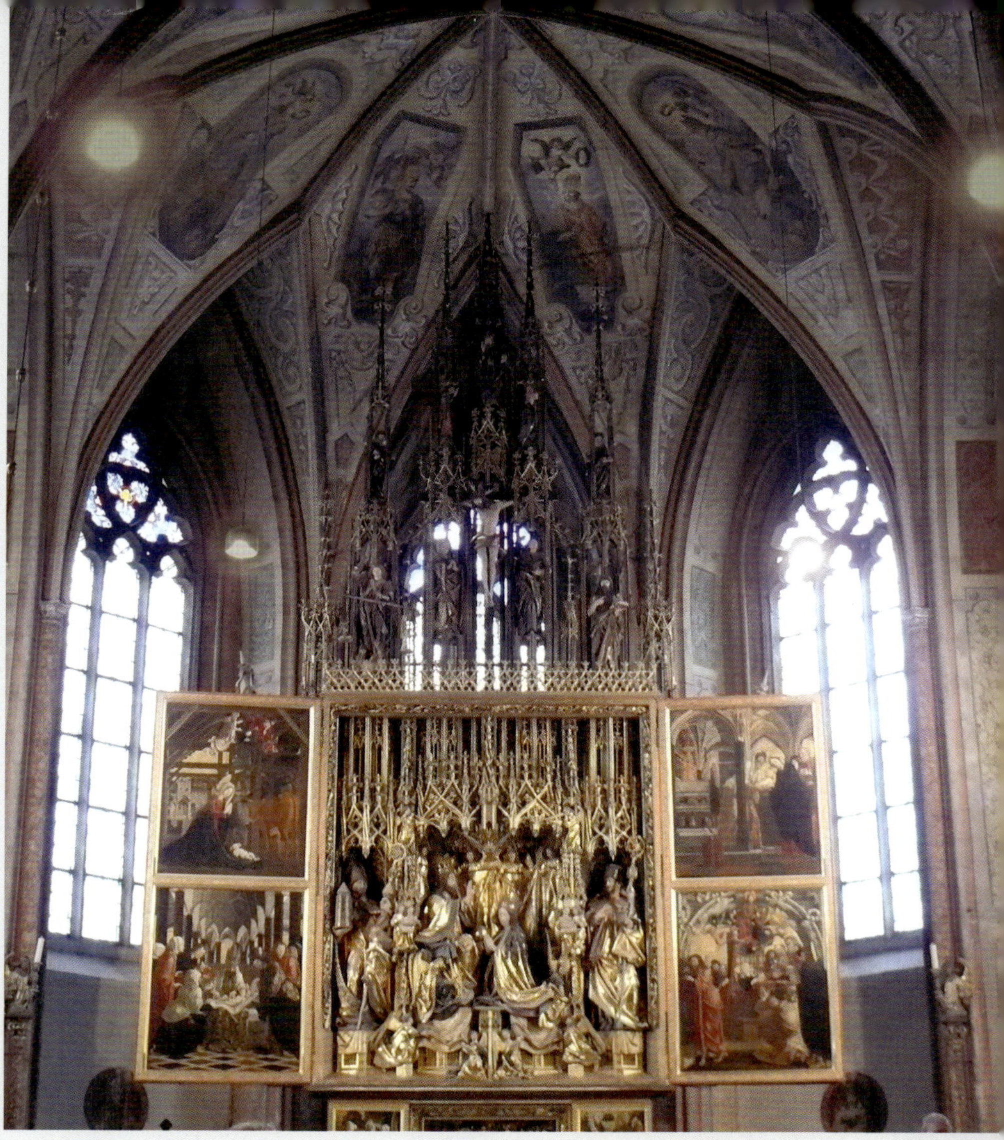

Der Pacher-Altar zu St. Wolfgang war nie vom Verfall bedroht. Das vergol dete Holzschnitzwerk zeigt auf der Innenseite der Tafeln das Leben Jesu, auf der Außenseite die Legende des hl. Wolfgang in minutiösen Schnitzereien. Michael Pacher hat den Altar – sein bedeutendstes Werk – im Alter von 40 Jahren geschaffen und insgesamt zehn Jahre seines Lebens an diesem Kunstwerk gearbeitet.

Den Schöpfer des einen aus Holz geschnitzten Altarkunstwerks in Oberösterreich kennt man. Der andere wird wohl ewig ein Anonymus bleiben. Doch für die Werke beider Künstler gilt: Der Pacher-Altar in St. Wolfgang und der Flügelaltar der Pfarrkirche Kefermarkt zählen zu jenen Kunstwerken, die Österreich Weltgeltung verschafft haben.

Der Pacher-Altar in St. Wolfgang

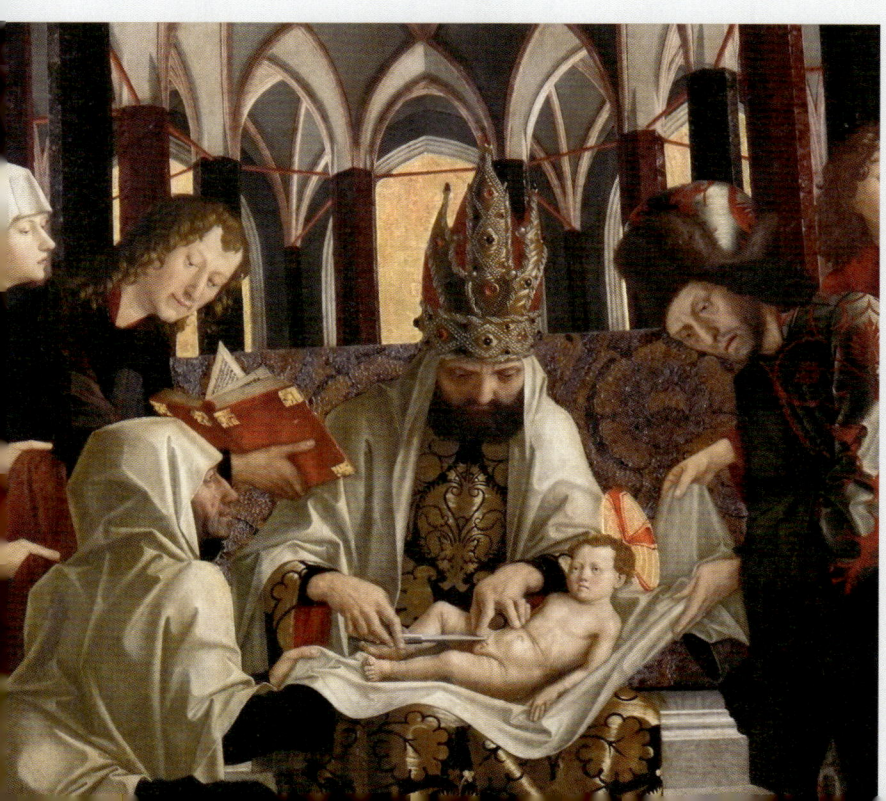

Flügelaltäre wurden vor allem in der Spätgotik gegen Ende des 15. Jahrhunderts errichtet. Die Seitenflügel sind meistens klappbar, wurden während der Woche geschlossen und nur an Sonntagen und kirchlichen Feiertagen geöffnet. Neben den hier abgebildeten findet man vereinzelt im ganzen Land immer wieder Kirchen mit Flügelaltären. Besuchenswert sind auch die Altäre von Waldburg, Gampern und Hallstatt.

NATURLANDSCHAFTEN

Der Nordwaldkammweg

In seinem Roman „Der Hochwald" hat Adalbert Stifter dem Böhmerwald ein literarisches Denkmal gesetzt. Vieles, woran Stifter sich noch erfreuen konnte, ist leider längst zweifelhaften „Segnungen" des technischen Fortschritts zum Opfer gefallen.

Wer sich die Mühe macht, den berühmten Nordwaldkammweg entlangzugehen, der wird jedoch nicht selten in der Natur vorfinden, was Stifter so überzeugend in Worte zu fassen vermochte.

Die gut gekennzeichnete Kammwegmarkierung erstreckt sich über 140 Kilometer. Ausgangspunkt des oberösterreichischen Wanderwegs ist der Dreisesselberg im Dreiländereck zu Bayern und Böhmen. Berühmt ist der 1 332 Meter hohe Berg für die prachtvolle Aussicht und seine Lage am „Steinernen Meer", einer 10 Hektar großen Blockhalde von titanischen Ausmaßen.

Über den Hochficht, heute eines der Topskigebiete in Oberösterreich, gelangt man zum eindrucksvollen Moldau-Blick, von dem aus man den berühmten Moldaustausee und den Stifter-Geburtsort Oberplan überblicken kann.

Im 19. Jahrhundert wurde hier ein kleines Weltwunder errichtet: der Schwarzenbergsche Schwemmkanal. Nach Plänen des genialen Forstingenieurs Joseph Rosenauer überwand diese Holztrift die europäische Wasserscheide. Aus dem waldreichen Böhmen gelangten so die Baumstämme bis zur Großen Mühl, wo sie auf Schiffe oder Flöße verladen und über die Donau weitertransportiert wurden. Hauptort dieser Gegend ist Aigen, das vor allem durch das Böhmerwaldstift Schlägl (siehe „Kirchen und Klöster") bekannt ist.

Etwas weiter südlich liegt das Verwaltungszentrum des nördlichen Mühlviertels, Rohrbach, das man allein schon wegen seines Renaissance-Rathauses mit den charakteristischen „Fleischlauben" aus dem 16. Jahrhundert aufsuchen sollte. Der Nordwaldkammweg „umgeht" diese beiden Orte jedoch auf waldreichen

Vorherige Doppelseite: *Abendstimmung bei Sandl im Mühlviertel*

Oben: *Grenzhinweistafel aus vergangener Zeit*

Unten: *Typische Mühlviertler Granit-Wollsackverwitterung am Dreisesselberg*

Seite 130 oben: *Mühlviertler Bauernhof bei Königswiesen*

Seite 130 unten links: *Rathaus von Rohrbach mit den sogenannten Fleischlauben*

Seite 130 unten rechts: *Lochstein aus Granit*

Oben: *Der Hopfenanbau sichert im Mühlviertel den unzähligen lokalen Kleinbrauereien die Biererzeugung*
Unten: *Einer der Rosenhofteiche bei Sandl knapp an der Grenze zu Niederösterreich*

Rechts: *Webstuhl im Museum von Haslach, der einstigen Webereimetropole des Mühlviertels*

Seite 133 oben: *Der Marktplatz vom Moor-Kurort Bad Leonfelden mit Blick auf das Rathaus und die gotische Kirche*

Seite 133 unten links: *Skifahrerin im mittlerweile bestens ausgebauten Skiparadies Hochficht mit über 20 Kilometer Pisten ein Skierlebnis für die ganze Familie*

Seite 133 unten rechts: *Die Hügellandschaft des Mühlviertels besticht in ihrer Sanftheit und Ursprünglichkeit – stattliche Bauernhöfe thronen wie einst Burgen über der Landschaft*

Naturlandschaften

Pfaden und gelangt über den Bärenstein (1 076 Meter) in den alten Webermarkt Haslach.

Neben den mittelalterlichen Wehr- und Wachtürmen und dem freistehenden Glockenturm der gotischen Pfarrkirche St. Nikolaus ist hier vor allem das Webereimuseum von überregionaler Bedeutung: Hier scheint auf alten Webstühlen und Arbeitsgeräten eine längst verschwunden geglaubte Epoche zu neuem Leben erwacht zu sein.

Durch ein grünes Patchwork aus Waldungen und Lichtungen, schmalen wildromantischen Pfaden und lauschigen Holzschlägen gelangt man über den 1 125 Meter hohen Sternstein, der auch Skifahrern und Tourengehern ein Begriff ist, in den Kurort Bad Leonfelden. Dieser ist nicht nur für seine Moorbäder bekannt, sondern auch für eine oberösterreichische Spezialität: den Bad Leonfeldner Lebkuchen. Weiter führt der Weg durch das alte Steinviadukt der ehemaligen Pferdeeisenbahn Linz–Budweis nach Freistadt (siehe Kapitel „Städte").

Bevor der Nordwaldkammweg im Gebiet des bereits in Niederösterreich gelegenen Nebelsteins endet, führt er an Sandl vorbei, einem echten Zentrum der Volkskultur: Hier wird schon seit den Zeiten der Monarchie die Hinterglasmalerei betrieben, die mittlerweile höchstes Niveau erreicht hat.

Von Sandl aus ist es nicht mehr weit – und das sollte man nicht versäumen – zu Schloss Rosenhof mit seinen schönen Teichen, das direkt an der österreichisch-tschechischen Staatsgrenze liegt.

Bären, Hirsche und Graugänse

Die Flora und Fauna in Oberösterreichs Naturschutz-
gebieten überrascht mit mancher Seltenheit. In zahlreichen Tier- und Wildparks kann man sich einen guten
Überblick über den heimischen Wildbestand verschaffen.

So etwa präsentiert sich das Naturschutzgebiet Pesenbachtal hinter Aschach als
naturbelassene Wildwasserlandschaft zwischen ausladenden Waldrücken. Hier
findet man seltene Pflanzen und im Spätsommer, wenn's geregnet hat, auch
Unmengen von Herrenpilzen und Eierschwammerln.

Ein kleiner, aber durchaus sehenswerter Zoo ist der Tierpark Walding. Neben
Tiger, Löwe und Panther leben dort auch zwei Elefanten. Die Möglichkeit zum
Ponyreiten ist natürlich eine besondere Attraktion für Kinder.

Die „Einwohnerschaft" des Wildparks Altenfelden im südlichen Mühltal könnte
ein Naturgeschichtsbuch füllen. Neben einem großen Steinbock-Rudel traben
hier auch Wildpferde durch die Waldungen. Auerochsen, Antilopen, Bisons und
Nandus kann man hier ebenso bewundern wie Murmeltiere, Fischotter, Uhus
und Luchse. Der Wildpark verfügt über ein großes Kinderspielplatzgelände und
ist sogar im Winter für Besucher geöffnet.

Südöstlich von Vichtenstein und westlich von Engelhartszell ist vor allem der
„Sauwald" bekannt, der seinen Namen aufgrund des starken Wildschweinbe-
standes in dieser Region erhielt. Hoch droben über den Wipfeln der Bäume kann
man heute wandern – diese einzigartige Möglichkeit bietet der Baumkronenweg
in Kopfing. Die Ortschaft Freinberg ist vorwiegend wegen ihres sehenswerten
Wildparks bekannt, über dessen Gehege romantische Brücken führen. In Nat-
ternbach im Hausruckwald gibt es eine echte Attraktion für Kinder – Österreichs
größtes Indianerspielgelände mit Wigwams, Rancherhaus und Floß am India-
nerteich.

Oben: *Eule im Wildpark Altenfelden*
Mitte: *Wasserpflanzen und Moosbewuchs*
Unten: *Graugänse im Cumberland-Wildpark
bei Grünau im Almtal*
Seite 134 oben: *Rotwild im Wildpark Altenfelden*
Seite 134 unten links: *Wanderung im Pesenbachtal*
Seite 134 unten rechts: *Der Baumkronenweg
bei Kopfing im Innviertel, ein beliebtes Famili-
enausflugsziel*

Naturlandschaften

Nicht nur für Biologen ist das Ibmer Moor in der Oberinnviertler Seenplatte eine wahre Fundgrube. Legföhren, Fettkraut und Sonnentau ermöglichen eine anschauliche Expedition durch das Pflanzenreich. Das große Hochmoor hat aber auch eine erlesene Fauna mit Brachvögeln, Bekassinen und Reihern, die man auf den Moorlehrpfaden und Moorwanderungen beobachten kann. Das Ibmer Moor ist aber auch ein beliebtes Urlaubsparadies. Immerhin sind der Holzöstersee und der Heratinger See zwei der wärmsten Badeseen in Oberösterreich.

Wer veritable Waldbewohner den Sumpfvögeln und Moorhühnern vorzieht, sollte auf jeden Fall den Cumberland-Wildpark bei Grünau im Almtal besuchen. Auf mehr als einer halben Million Quadratmetern tummelt sich hier Rot-, Schwarz- und Steinwild. Mit etwas Glück sieht man auch Bären, Wölfe, Luchse oder Fischotter, und hoch über den Wäldern schweben Raubvögel mit weit ausgebreiteten Schwingen über die Landschaft.

Zu den jüngsten oberösterreichischen Tier- und Wildparks zählen Schmiding bei Wels sowie Roßleithen bei Windischgarsten. Schmiding präsentiert neben Tropenhaus und Aquazoo die größte begehbare Greifvogel-Freifluganlage der Welt.
Rund um das Enghagengut gibt es im Wildpark Roßleithen vor allem einheimische Tiere zu bewundern, die sich sonst im Schutz tiefer Wälder versteckt halten. Ein Lehrpfad ermöglicht es Interessierten, sich nicht nur über die heimische Fauna, sondern auch über Flora und Gesteinsformen dieses Gebiets zu informieren.

Und wer in der Landeshauptstadt Linz einen Ausflug mit der Pöstlingbergbahn plant, der sollte auf ungefähr halber Strecke einen Stopp einlegen und den Linzer Zoo besuchen. Vor allem im Terrarium tummeln sich allerlei Reptilien und Insekten, die man gesehen haben soll. Für die Kleinen ist natürlich auch der Besuch der Linzer Grottenbahn am Pöstlingberg ein absolutes Muss!

Oben: Leimkraut – Naturlehrpfad Roßleithen
Mitte: Sumpfdotterblumen im Ibner-Moor
Unten: Der „giftige" Fliegenpilz kommt in allen Wäldern Oberösterreichs vor
Rechts: Die Grottenbahn ein absolutes Muss für Linzbesucher ab drei Jahren

Seite 137 oben: Papageien im Tierpark Schmiding
Seite 137 unten: Über ein internationales Gorillaschutzprojekt finden die Gorillas im Schmidinger Zoo Schutz vor ihrer kompletten Ausrottung im Freiland

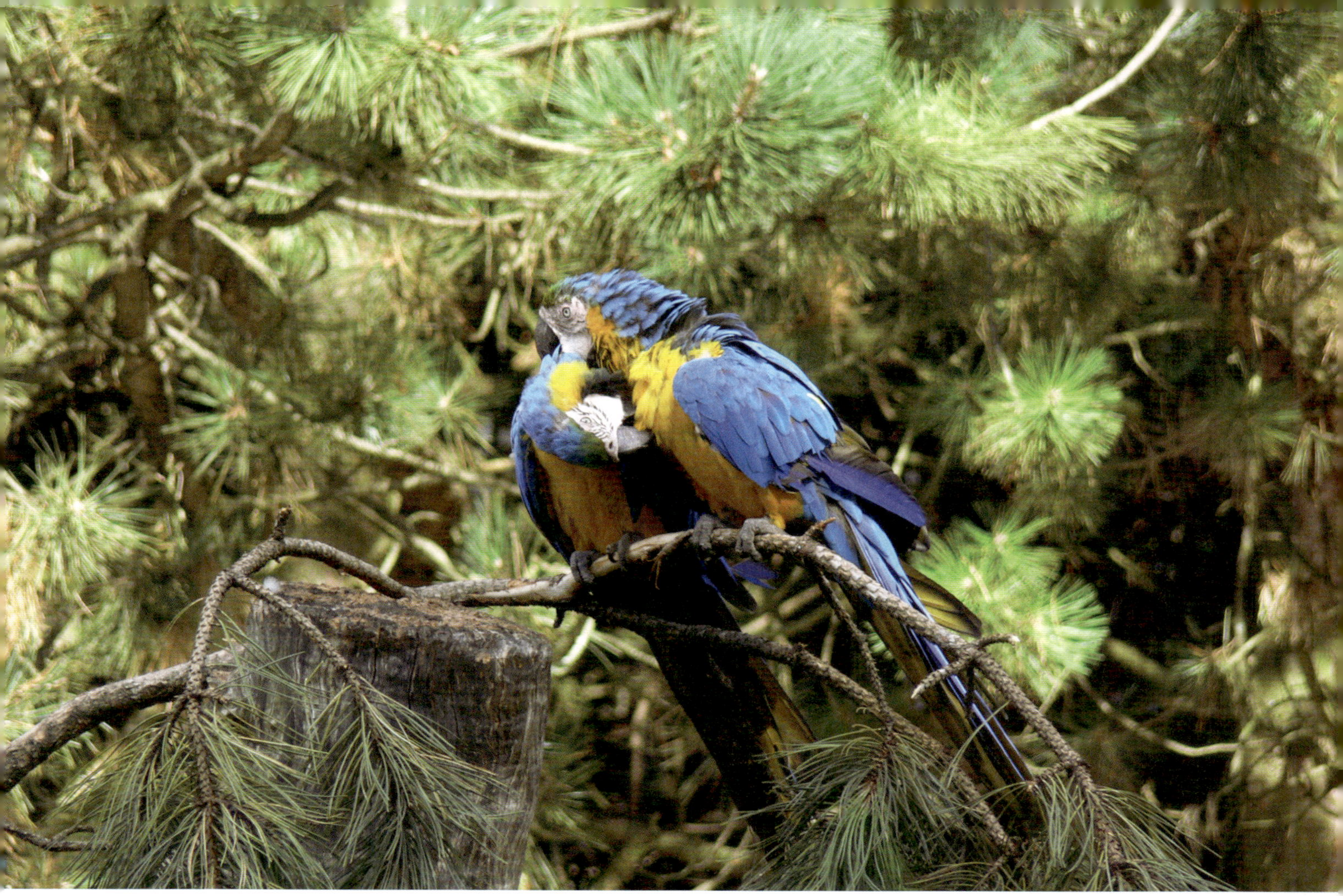
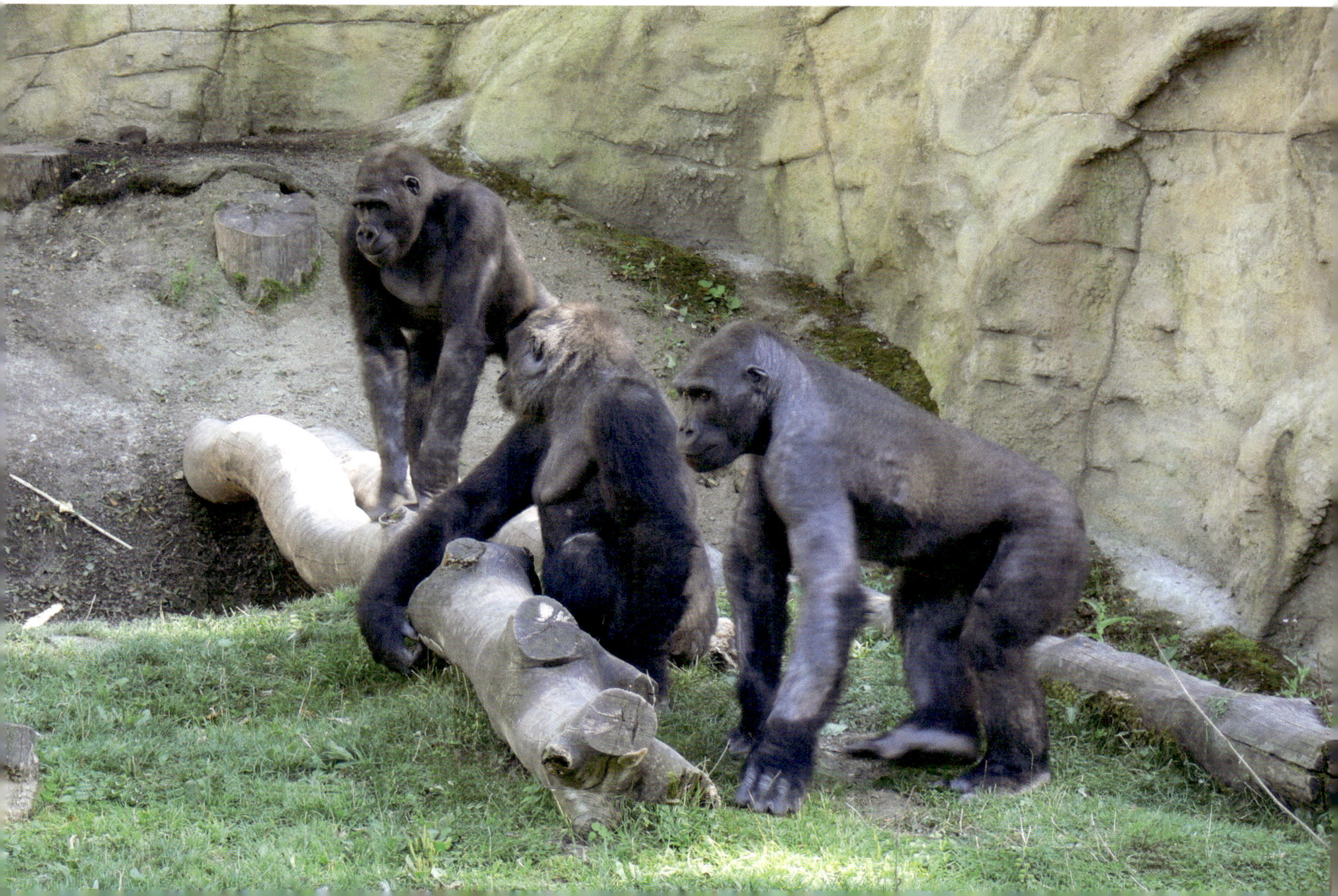

Wildromantisches Oberösterreich

O berösterreich ist ein Land der seltenen Gesteinsformen, der Erosionen und Gebirgsfaltungen. Es ist daher
reich an Klammen und Höhlen, die keinesfalls ausschließlich für den Geologen oder Höhlenforscher von Interesse
sind.

Die längste und schönste Klamm Oberösterreichs ist die Dr.-Vogelgesang-
Klamm, die sich südlich von Spital am Pyhrn fast einen Kilometer lang zwischen gischtigen Sturzbächen und senkrecht aufragenden Schluchtsystemen ins
Bosruck-Massiv hineingräbt. Von ähnlicher, an Webers Oper „Der Freischütz"
gemahnender Romantik sind auch die Klam-Schlucht bei Grein, die Tratten-
bachklamm bei Ternberg und die Burggrabenklamm bei Weissenbach am Attersee.

Zu den schönsten Naturdenkmälern Oberösterreichs zählen die weltberühmten
Dachstein-Eishöhlen. Man erreicht sie von Obertraun am Hallstätter See aus mit
einer Seilbahn und fühlt sich gleich nach dem Eintreten beinahe in einen Fan-
tasy-Film hollywoodscher Prägung versetzt. Kleine Gletscher und kuppelartige
Gewölbe wie der „Gralsdom", der „Tristan-Dom" oder der „König-Artus-Dom"
wetteifern mit idyllisch gelegenen Eis-Seen und pittoresken Eiszapfengebilden
um die Gunst des Betrachters.
Eine kunstvolle Beleuchtung verstärkt den Eindruck von märchenhafter Un-
wirklichkeit. Höhepunkt des zwei Kilometer langen Höhlen- und Grottensys-
tems ist die Mammuthöhle, die auf einem Vertikalraum von 300 Metern ein
eindrucksvolles Gewirr von Schächten, Klippen, Spalten und Schluchten vier-
stöckig übereinanderschachtelt.

Verstärkt wird die Beliebtheit der Dachstein-Eishöhlen aber auch dadurch, dass
sie in einem der schönsten und schneereichsten Wintersportgebiete ganz Oberösterreichs zwischen Krippenstein und Gjaidalm gelegen sind.

Oben: *Die Feldaist bei Pregarten im Mühlviertel*
Mitte: *Blick zum Dachstein von der Zwieselalm*
Unten: *Skigebiet Gosau-Russbach – Seilbahnsta-
tion Zwieselalm*

Seite 138 oben: *Eisformation in den Dachstein-
Rieseneishöhlen*
Seite 138 unten links: *Wasserfall in der Burg-
grabenklamm*
Seite 138 unten rechts: *Kerzenstein oberhalb
vom Pesenbachtal im Mühlviertel*

LAND UND LEUTE

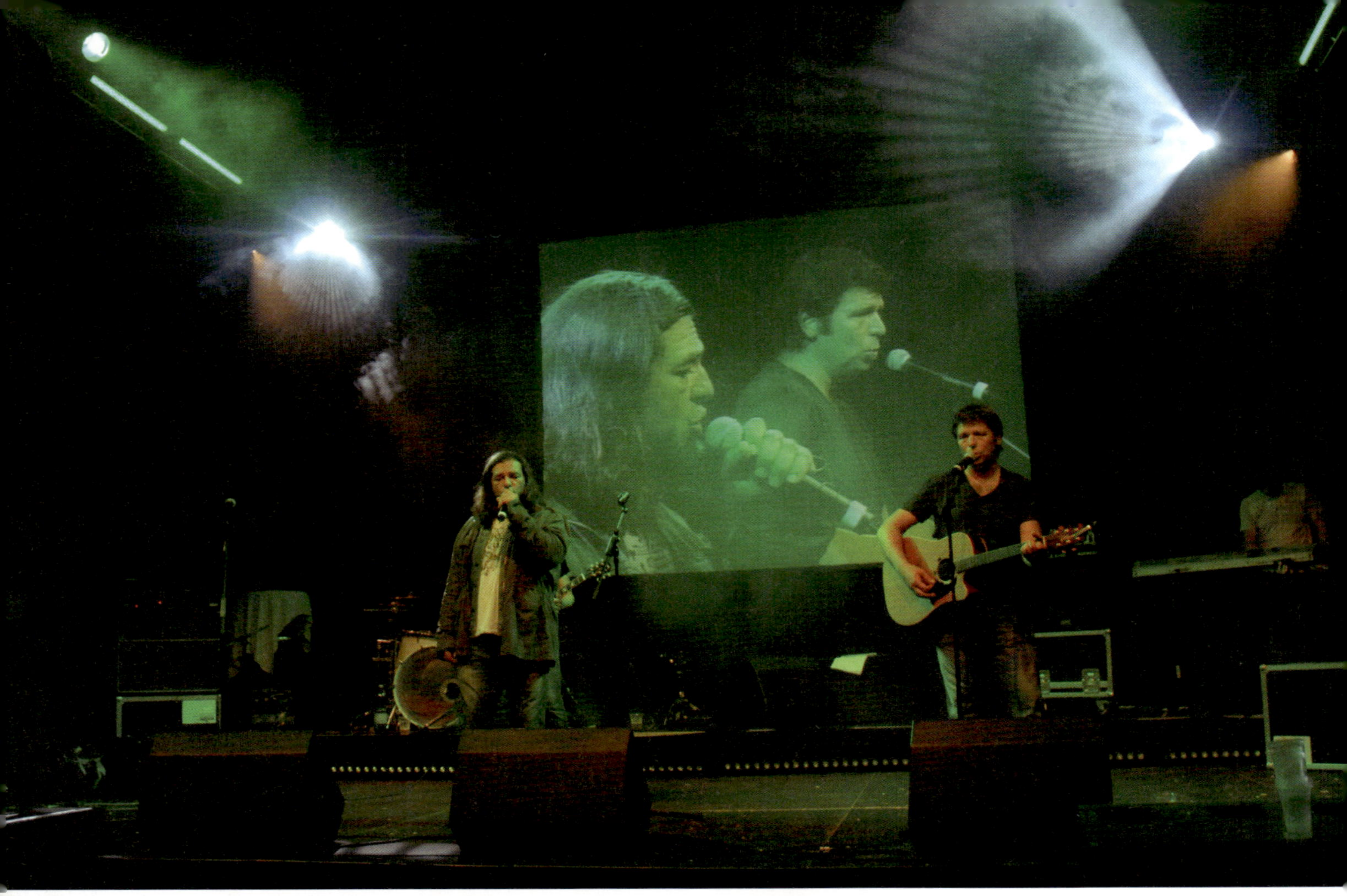

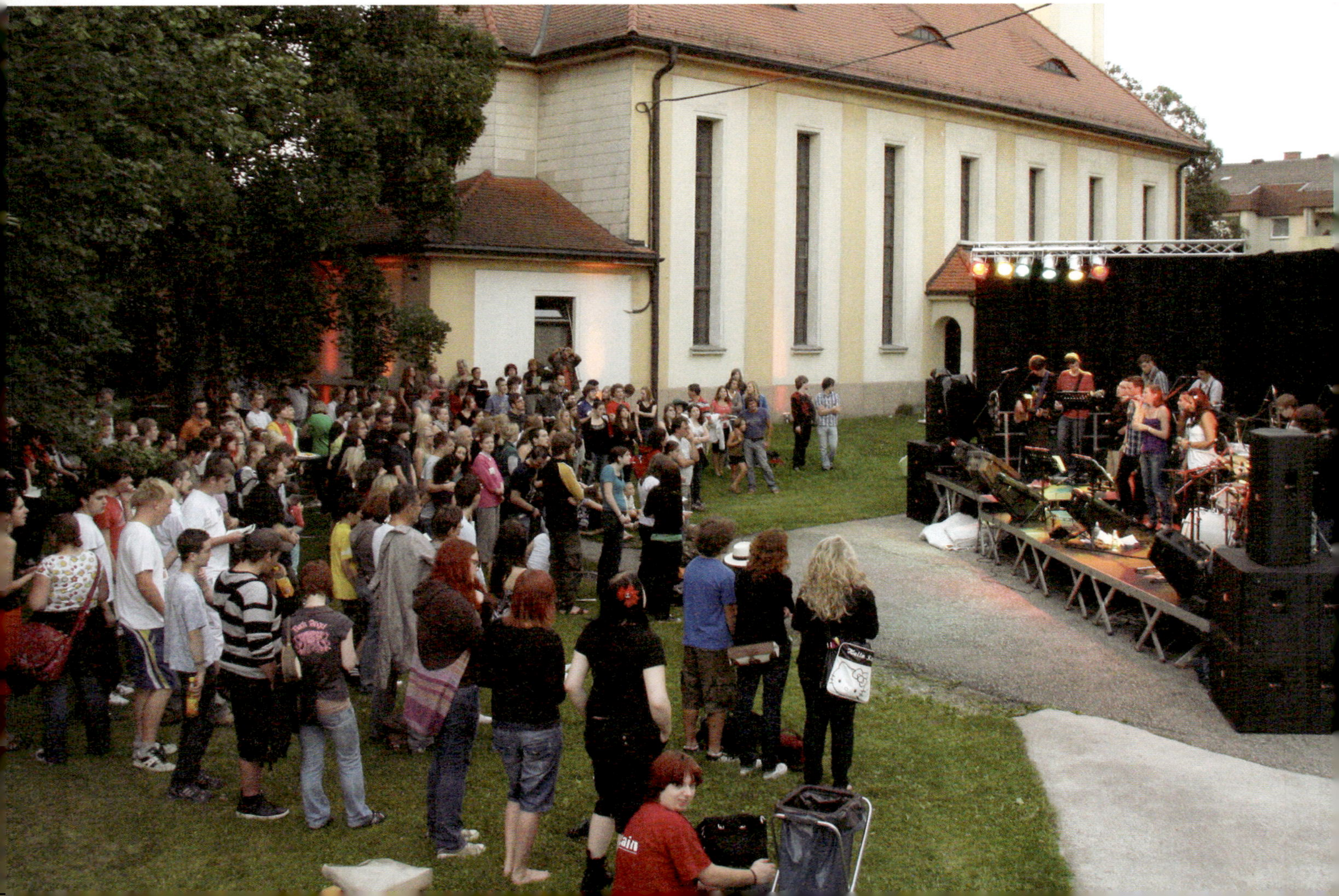

Feste feiern, wie sie fallen

Die Bewohner Oberösterreichs sind ein gemütliches Volk und gerne dabei, wenn es etwas zu feiern gibt. Ob Hochzeit oder Taufe, ob Kirtag, Volksfest oder Sommerfest, ob Theater oder Konzert, zum Ausgehen findet sich immer ein guter Grund.

Sicher ist der zweimal jährlich stattfindende Linzer Urfahranermarkt mit bis zu 600 000 Besuchern eines der größten Jahrmarktspektakel in Oberösterreich. Aber auch das Rieder und das Welser Volksfest ziehen jährlich tausende Besucher an. Mittlerweile sind die bei Jung und Alt beliebten Ritterfeste ein Fixbestandteil in zahlreichen Städten und daher ist es auch kaum verwunderlich, wenn man plötzlich einem Ritter in Rüstung oder einem Burgfräulein auf der Straße begegnet.

Über das ganze Land verstreut wird auf zahlreichen Sommerbühnen Theater gespielt. Nicht nur Laiendarsteller geben dort ihr Bestes, das Repertoire erstreckt sich von der Volksbühne bis hin zum klassischen und modernen Theater.
Einmal im Jahr steht Linz ganz im Zeichen des Straßentheaters beim Linzer „Pflasterspektakel". Zahlreiche Künstler aus aller Herren Länder bevölkern dann in ihren bunten und teilweise kunstvoll gestalteten Kostümen die Innenstadt und geben dabei allerlei Lustiges, Akrobatisches und Musikalisches von sich.
Eine breite Palette an Freiluftkonzerten, angefangen beim Ottensheimer Open-Air für die Jungen und wirklich Junggebliebenen bis hin zur „Kinderklagwolke" in Linz in den Sommermonaten, sorgt für Abwechslung.

Oberösterreich ist aber auch ein Land des Brauchtums und der Volkskunst. Es gibt kaum einen größeren Ort, der nicht auf romantischen Weihnachtsmärkten in stillen Hinterhöfen alte und neue Volkskunst feilbieten würde. Und gerade um das weihnachtliche Krippenbrauchtum ist es im „Land ob der Enns" bestens bestellt. Jede Kirche hat ihre eigene besonders kunstvoll geschnitzte Weihnachtskrippe. Und nicht nur in Ebensee finden Jahr für Jahr eigene Krippenausstellungen statt.

Vorherige Doppelseite: Marktgeschehen in Ottensheim

Oben: Akteur am „Pflasterspektakel" in Linz
Mitte und unten: Kinder im Jahrmarkttrubel

Seite 142 oben: R&B-Konzert in Linz
Seite 142 unten: Christliche Rock- und Popmusik im Garten der evangelischen Kirche in Traun

Berühmt ist Oberösterreich – und besonders das Salzkammergut – auch für seine Fastnachts- und Faschingsbräuche. Beim Glöcklerlauf tragen die Glöckler weiße Hemden und weiße Hosen. Auffallend sind sie jedoch vor allem wegen ihrer kunstvoll gestalteten und bemalten „Lichtkappen", mit denen sie durch die Straßen ziehen und mit Kuhglocken den Fasching einläuten. Die Bevölkerung spendet ihnen Most und „Glöcklerkrapfen", bäuerliche Vorläufer des bürgerlichen „Faschingskrapfens".

Eng verwandt mit den Glöcklern sind auch die Perchten, die für den Faschingskehraus sorgen. Mit ebenso grausigen wie skurrilen Masken wird der Ebenseer „Fetzenlauf" (auch „Parapluie-Marsch") Jahr für Jahr zum Schrecken der Kinder und zur Freude der Touristen durchgeführt.

Aber auch nach der Faschingszeit steht das oberösterreichische Brauchtumsrad nicht still.

Hier findet man noch den alten Brauch der bäuerlichen Sonnwendfeiern, bei denen der „Sunnawendhansl", ein Bildnis für die Sommersonnenwende, verbrannt wird und „Sonnwendkrapfen" aus Straubenteig gegessen werden.

Wenngleich hier heidnisches Brauchtum überlebt hat, haben die Oberösterreicher es freilich auch blendend verstanden, christliches Brauchtum zu kultivieren. Einer der Höhepunkte des Kirchenjahres ist die traditionelle Fronleichnamsprozession auf dem Hallstätter See. Mit dem „Himmel", einem Meer von Fahnen und der Monstranz begibt sich der ganze Zug auf Boote, Zillen, Kähne und Plätten. Es gibt eine „Sakramentsfuhre" und ein „Musikschiff", auf dem die Kirchenlieder intoniert werden. Vom Ufer her läuten die Glocken und knallen die Böller, während der Priester vom See aus die Gläubigen segnet, die freilich längst nicht mehr nur Einheimische, sondern auch Touristen aus aller Welt sind.

Wie tief die Oberösterreicher in ihren Bräuchen und Traditionen verwurzelt sind, spiegelt sich auch in ihrer Liebe zur oberösterreichischen Tracht wider.

Die Geschichte der Tracht reicht bis in graue Vorzeit zurück. Schon um 700 v. Chr. kleideten sich die Menschen der Hallstattkultur mit Ledergamaschen, Leibröcken und mützenartigen Kopfbedeckungen. In der Römerzeit trugen die Frauen bereits „norische Hauben". Und in der Tat sind es gerade die Kopfbedeckungen, die für oberösterreichs Tracht so besonders charakteristisch sind. Alte Bilder zeigen häufig die Darstellung breitkrempiger „Jodlhüte" aus weißem oder braunem Filz, wie sie gerne zu Bauernhochzeiten und anderen Festlichkeiten getragen wurden. Bis in die heutige Zeit hat sich aber vor allem die berühmte „Linzer Goldhaube" erhalten, die etwa 1815 in Mode kam und keineswegs nur in Linz, sondern auch in Salzburg genauso wie in Bozen oder Marburg getragen wurde.

Ebenso hat die „typische oberösterreichische Nationaltracht" mit der schwarzen taillierten Samtjacke, der schwarzen Seidenschürze und dem weiten, in dunklen Tönen gehaltenen Dirndlrock weit über Österreich hinaus die Trachtenmode beeinflusst.

Zentrum oberösterreichischer Trachtenkultur ist heute noch das „Heimatwerk" in Linz, wo man während der letzten Jahrzehnte mehr als 250 verschiedene Variationen oberösterreichischer Tracht zu neuem Leben erweckt hat.

Oben: *Schützen in traditioneller Uniform*
Mitte: *Freistädter Bürgerwehr*
Unten: *Fronleichnamsprozession*

Seite 145 oben: *Frauen mit Goldhauben bei einer Fronleichnamsprozession*
Seite 145 unten: *Musik verbindet Völker – musikalische Wanderung auf den Pöstlingberg im Rahmen einer Veranstaltung zum Kulturhauptstadtjahr Linz 2009*

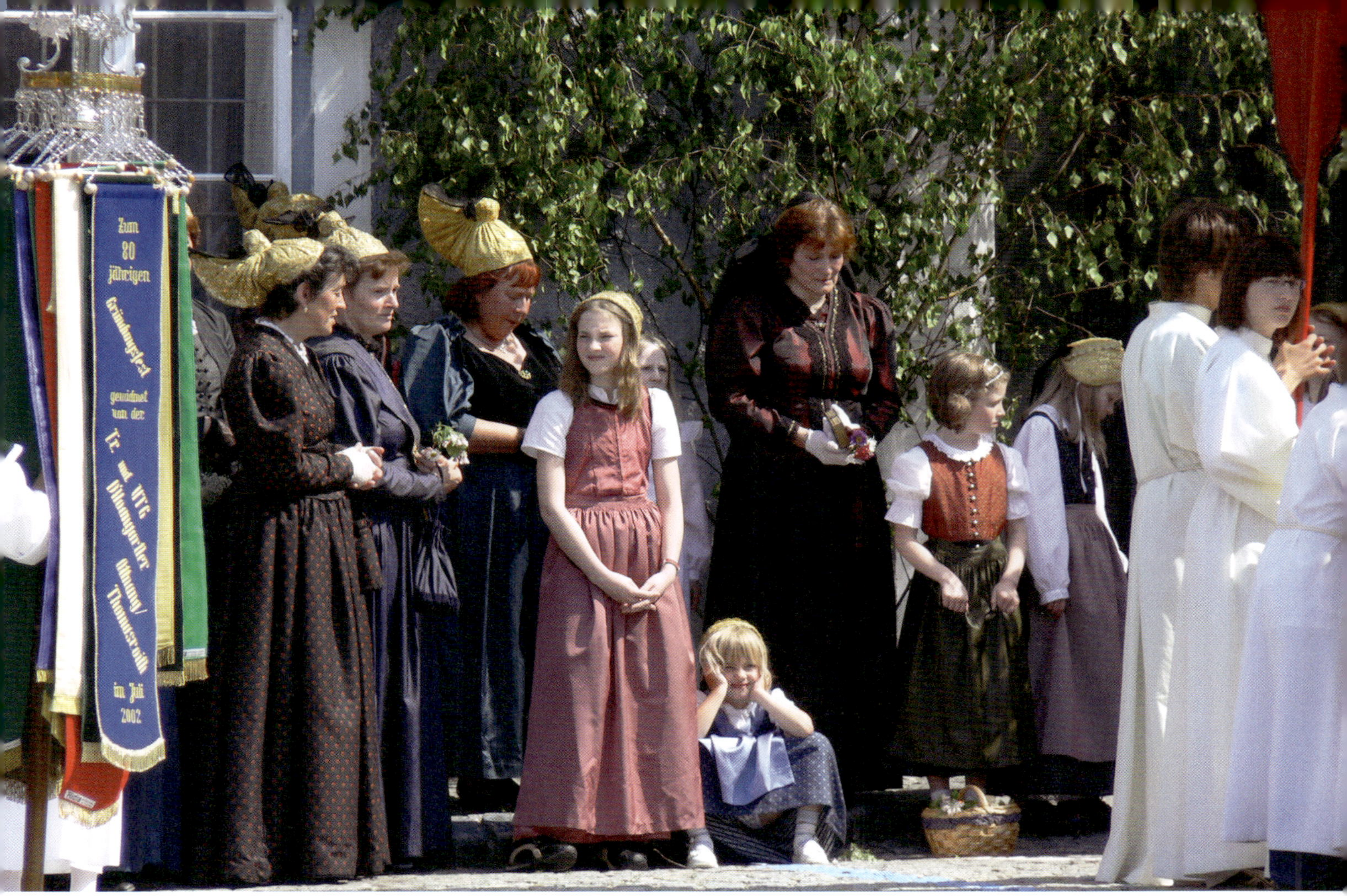
Zum
80
jährigen
gewidmet
von der
im Juli
2002

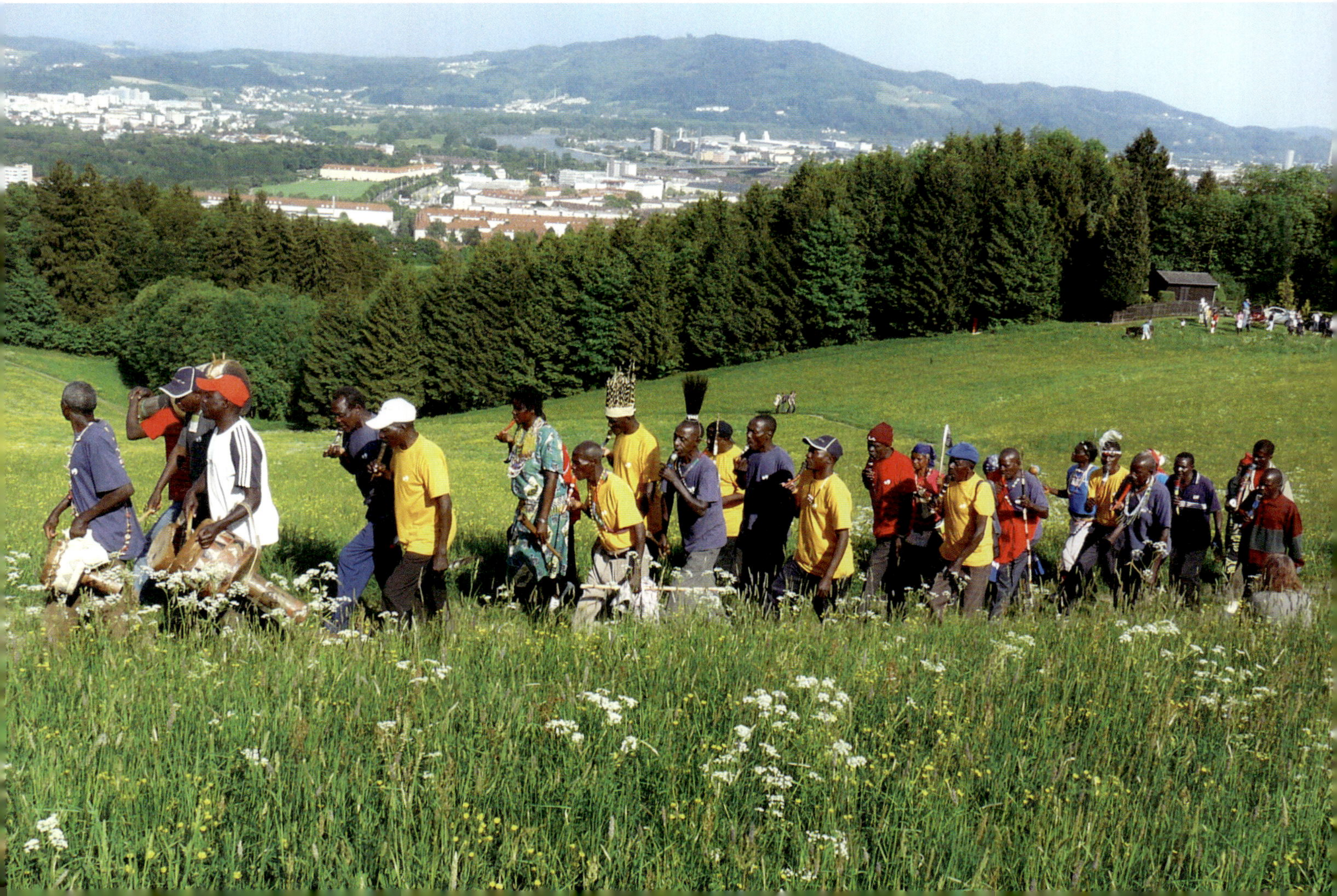

Von der Zither bis zur „Stromgitarre"

In so mancher Gaststube im ländlichen Raum ist der Reim „Wo man singt, da lass dich ruhig nieder, böse Menschen haben keine Lieder!" zu lesen. Ob Klassik, Volksmusik, Blasmusik, Jazz, Pop, Blues, Rock oder Experimentelles, in Oberösterreich gibt es ein breites Spektrum musikalischer Ausbildungs- und Wirkungsstätten.

Das Oberösterreichische Landesmusikschulwerk hat Vorbildstellung in ganz Europa und bietet nicht nur Kindern die Möglichkeit, sich dem Thema Musik zu nähern. In der Landeshauptstadt gibt es mit der Anton Bruckner Privatuniversität zudem eine international anerkannte Hochschule mit den Schwerpunkten Klassik, Jazz und improvisierte Musik.

Das Bruckner Orchester Linz ist weit über die Landesgrenzen hinaus ein international angesehenes Orchester. Es trägt, ebenso wie das Brucknerhaus, den Namen des musikalischen Landespatrons Anton Bruckner (1824–1896).

Oberösterreich begeistert mit vielen Musikfestivals. Das Brucknerfest und die Ars Electronica zeigen den Wandel und die Annäherung verschiedener Musikepochen. Das junge, musikalisch in Richtung Pop, Blues und Rock ausgerichtete Oberösterreich hat schon längst die Mundart wiederentdeckt. Viele Musiker texten ihre Songs in der Sprache, in der sie aufgewachsen sind. Künstler wie Hubert von Goisern oder das Duo Attwenger sind Vorreiter dieser Entwicklung und zudem musikalische Exportgüter.

Oberösterreich ist, wie schon in den 70er Jahren, als sich viele Linzer „Stahlstadtkinder" eine „Stromgitarre" umhängten, um mit verzerrten Gitarrensounds, sozialkritischen Texten und getrommelten Beats auf sich und ihre Probleme aufmerksam zu machen, geprägt von Musik, deren Leidenschaft und Möglichkeit, Großes zu bewirken.

Oben: *Blechbläser einer Trachtenmusikkapelle*
Mitte: *Dennis Russell Davies dirigiert das Bruckner Orchester Linz*
Unten: *Konzert des Jazz point Linz im Musikpavillon im Donaupark*
Seite 146 oben: *Das Bruckner Orchester Linz – Open-Air-Konzert am Linzer Hauptplatz*
Seite 146 unten links: *Marschierende Blasmusikkapelle*
Seite 146 unten rechts: *Open Air Ottensheim*

Essen und Trinken

Oben: *Mühlviertler Erdäpfelsuppe*
Mitte: *Traditionelle „Zwetschken-Pofesen"*
Unten: *Die typischen Innviertler Knödel, eine
Spezialität aus Oberösterreich*
Seite 149 oben: *Das Plembergstüberl mit dem
angrenzenden Freilichtmuseum ist ein beliebtes
Ausflugsziel*
Seite 149 unten rechts: *„Bratl in der Rein"*
Seite 149 unten links: *Statue des Dichters
Adalbert Stifter auf der Linzer Promenade*

M it dem Wahlspruch „Essen und Trinken hält Leib und
Seel' z'samm'!" sind die Oberösterreicher stets recht
gut gefahren und so hat sich im Laufe der Jahrhunderte eine ebenso deftige wie kräftige Regionalküche entwickelt.

Einer, der es wirklich verstand, sich den Genüssen von Oberösterreichs Küche
und Keller hinzugeben, war der Dichter Adalbert Stifter. Stifter war dem lukul-
lischen Angebot derart verfallen, dass man durchaus von „Völlerei" sprechen
kann. In der hervorragend recherchierten Stifter-Biografie von Kurt Palm „Suppe
Taube Spargel sehr sehr gut" wird berichtet, was sich der Dichter gerne zu Leibe
führte: „Haselhühner und Krammetsvögel, zu Mittag sechs Forellen, eine ganze
Ente zu Abend, zu Gulasch, Rinderbraten und Spargel auch noch ein Hasel-
huhn, Zwetschkenknödel und Striezel, dazu reichlich Bier und Wein." Natürlich
sollte man dem oberösterreichischen Meister der Literatur in diesem Fall nicht
nacheifern, allerdings, wer die oberösterreichische Küche einmal kennengelernt
hat, läuft durchaus Gefahr, ihr zu verfallen.

Im Zentrum steht ohne Zweifel der Knödel, der mit oder ohne Fülle zubereitet
wird. Je nach Landstrich ist die Art der Knödelzubereitung verschieden. In den
ärmeren Gegenden war der Erdäpfel- oder Mehlknödel prägend, in den reiche-
ren Semmel-, Grieß-, Topfen- und gefüllte Knödel.
Zu den oberösterreichischen Knödel-Highlights zählen heute vor allem die kleinen Innviertler Knödel, die man im Wirtshaus meistens gemischt als Grammel-,
Speck- und Fleischknödel auf Sauerkraut serviert bekommt.
Als absoluter Geheimtipp gilt hier ein naher Verwandter des Innviertler Knödels:
der „Frankenburger Bratknödel". Dann gibt es da noch den „G'hackknödel", der
mit Erdäpfelteig umhüllt ist und dessen Fülle – wie der Name schon sagt – mit
dem Wiegemesser fein gehackt wird. Nicht zu vergessen der gebackene Speck-
knödel.

Oben: *Topfenknödel mit Zwetschkenröster und Kaffee sind eine beliebte Nachspeise*
Unten: *Der Marillenknödel ist eigentlich eine Wachauer Spezialität, die allerdings auch in der oberösterreichischen Küche Einzug gehalten hat*
Rechts: *Im Herbst werden die Mostäpfel gesammelt, gepresst und anschließend zu Most vergoren. Im darauffolgenden Frühjahr laden zahlreiche Mostbauern zur „Mostkost".*

Seite 151 oben: *Im typischen oberösterreichischen Mostkrug aus Gmundner Keramik wird den Gästen der Most serviert*
Seite 151 unten links: *Zu einer ordentlichen Jause gehören Most, Schwarzbrot und ein G'selchtes mit Kren*
Seite 151 unten rechts: *Buchteln sind eine Mehlspeise aus Germteig. Sie werden idealerweise mit Powidlmarmelade gefüllt und im Rohr gebacken.*

Als oberösterreichische Nationalkost aber muss man das „schwarz G'selchte mit Kraut und Grießknödeln" ansprechen. Das Wasser, in dem das „G'selchte" gesotten wird, ergibt mit Rahm und Gewürzen verfeinert und mit kleingeschnittenem Schwarzbrot als Einlage eine hervorragende Suppe.

„Speck, Bratl und Surbratl" werden zur „Jaus'n" serviert. Kübel- oder Surfleisch gehört natürlich auch zur oberösterreichischen Küchentradition. In der Vöcklabrucker Gegend findet man den „Kübelspeck", der aus reinem weißen Bauchspeck hergestellt wird.
Als typisches Nachtmahl – gibt es heute leider nur mehr sehr selten – gilt das „Katzeng'schroa", ein Pfannengericht aus verschiedenen Fleischsorten.

Bei den Mehlspeisen steht der Bauernkrapfen als traditionelles Gericht an vorderster Stelle. Zum „Schmalzgebäck" zählen auch „Bachene Mäus'", „Hasenöhrl" und „Zwetschken-Pofesen".
Diese traditionellen Gerichte findet man heute nur noch selten, wahrscheinlich auch weil sich die Koch- und Ernährungsgewohnheiten wesentlich verändert haben – wer kocht heute noch mit Schmalz?

Zum Essen passt in Oberösterreich am besten ein Krug Most, aus Mostäpfeln oder „Landbirnen" gepresst, oder eine Halbe Bier.
Da Oberösterreich ein Land der Kleinbrauereien ist, hat fast jeder Oberösterreicher „sein" persönliches Lieblingsbier, das ihm mitunter auch einen erheblichen Umweg wert ist, weil man nicht überall jedes Bier bekommt.

Der oberösterreichischen Wirtshauskultur besonders verschrieben haben sich die sogenannten KultiWirte. Auf ihren Speisekarten finden die Gäste regionale und saisonale Küche. Die Palette reicht vom Landwirtshaus bis hin zur Haubengastronomie. Neben dem bodenständigen Speiseangebot gibt es heimisches Bier, österreichische Qualitätsweine und natürlich auch einen echten oberösterreichischen Most.

KIRCHEN UND KLÖSTER

NATURLANDSCHAFTEN

LAND UND LEUTE

Erich Pello – U1u: 2. v. l., U4 u.: 1., 2. v. l., Seite 3: v. 1. 1/4, Seite 4: o., Seite 5: u., Seiten 7: M., Seite 8: M., u., r., Seite 9: u., Seite 18: M., Seite 23: o., M., u., Seite 24: o., M., Seite 25: o., M., u., ul., Seite 28: alle, Seite 29: or., ul., ur., Seiten 30/31: alle, Seite 32: o., M., Seite 33: ol., ul., ur., Seiten 36/37/38/39/40/41/42/43: alle, Seite 44: o., Seite 45: M. , Seite 46: u., or., ur., Seite 53: M., u., Seite 54: alle, Seite 55: o., Seite 56: alle, Seite 57: o., M., Seite 59 o., Seite 61: u.l., Seite 62: o., ul., Seite 63: alle, Seite 64: o., Seite 65: o., Seite 66: u., Seite 67: u., Seite 70: u., Seite 71: r., Seite 76: alle, Seiten 80/81: alle, Seite 86: alle, Seite 87: o., M., Seiten 88: alle, Seite 89: ul., ur., Seite 93: u., Seiten 124: o., Seite 127: alle, Seiten: 130/131: alle, Seite 132: o., u., Seite 133 o., ur., Seiten 135: alle, Seiten 136: o., m., u., Seite 141: o., Seite 144: o., M., Seite 146: ul., Seite 147 o., Seite 151: ul., Seite 152: alle, Seite 153: o.

Michaela Riess – U4 u.: 3., 4. v. l., Seite 8: o., Seite 14: alle, Seite 15: o., Seite 18: or., Seite 32: u., Seite 33: or., Seite 67: 1., Seite 78: o., ur., Seite 79: M., Seiten 94/95: alle, Seite 102: or., ul., ur., Seite 103: M., u., Seiten 104/105/106/107/108: alle, Seite 109: o., Seiten 110/111/112/113: alle, Seite 118: o., u., Seite 119: ul., ur., Seite 120: alle, Seite 121: o., M., r., Seiten 122/123: alle

Rudolf Brandstätter – U1 u.: 4. v. l., Seite 3: 2. v. l., Seite 9: o., Seiten 12/13: alle, Seite 15: u., Seite 19: M., Seite 22: alle., Seiten 24/25: o., Seite 46: o., M., Seite 49: alle, Seite 58: M., Seite 59: u., Seite 103: o., Seite 133: ul., Seite 143: o.,

Österreich Werbung – Seite 61: o., Seite 65: u., Seite 19: u. (Markowitsch) Seite 34: o., Seite 62: ur. (Bartl), Seite 29: ol., Seite 57: u., Seite 64: u., Seite 66: o., Seite 64: M. (Wiesenhofer L.), Seite 67: o. (Diejun), Seite 68: ul. (Eder), Seite 109: u. (Gruenert); Salzwelten Hallstatt (Frühauf)– Seite 48 u.;

Kehrwasser Verlag (Rachbauer/Linecker) – Seite 3: 2. u. 3. vl, Seite 4: u., Seite 5: o., Seite 6: alle, Seite 7: o., u., Seite 10: u., Seite 11: o., Seiten 16/17: alle, Seite 18: o., u., ru., Seite 19: lo., lu., o., u., Seiten 26/27: alle, Seite 30: or., Seite 34: M., u., r., Seite 44: u., Seite 45: o., u., Seite 47: alle, Seiten 50/51: alle, Seite 52 alle, Seite 53: o., Seite 55: u., Seite 58: u., Seite 61: lo., M., u., Seite 68: o., ul., Seite 69: alle, Seite 60: ol., Seite 70 o., r., Seite: 71: o., ul., Seiten 72/73: alle, Seiten 74/75: alle, Seite 77: alle, Seite 78: ul., Seite 79: o., u., Seite 84: alle, Seite 85 ul., ur., Seite 89: o., Seite 92: M., u., Seite 96-101: alle, Seite 114-117: alle, Seite 119: o., Seite 121: u., Seite 124: M., u., Seite 125: alle, Seite 126: alle, Seiten 128/129: alle, Seite 134: alle, Seite 136: r., Seite 137: alle, Seiten 138/139: alle, Seite 143: M., u., Seite 144: u., Seite 145: alle, Seite 148: u., Seite 149: o., ul., Seite 150: r., Seite 151: o.,

Oberösterreichisches Landesmuseum – U1 u.: 1. v. l., Seite 5: M., Seite 11: M., l., Seite 16: o.; Otto Saxinger – Seite 10: or.; Christoph Goldmann – Seite 148: o., M., Seite 149: ur., Seite 150: o., u., Seite 151: ur.; Reinhard Winkler – U1 u.: 3. v. l., Seite 10: M., Seite 11: u., Seite 87: u., Seite 102: lo., Seite 146: o., Seite 147: M.; Museum Arbeitswelt Steyr – Seite 24 M., u.; Posthof Linz – Seite 10: o.; LIVA – Seite 15: M. (Roger); voestalpine – Seiten 20/21: alle; Josef Reiter – Seite 35: alle; Fotoclub Ottensheim – Seite 58: o., Seiten 140/141: alle, Seite 142: o., Seite 146: ur., Seite 153: M., u.; theaterSPECTACEL Wilhering – Seite 60: u. (Christian Herzenberger); ARGE Granit – Seite 60: or., M.; Burgmuseum Clam – Seite 82: alle, Seite 83: o., M., Seite 138: ur. (Carl Philip Clam Martinic), Seite 83: u. (Josef Moritz); Schloss Weinberg – Seite 85: o.; Schloss Hartheim – Seiten 90/91: alle; Friedrich Wimmer – Seite 92: o., Seite 93: o., Werner Redl – Seite 142: u.; Heinz Schwyhla – Seite 147: u.

INNVIERTEL
Bewegtes Land am Inn
Mit Fotografien und Texten von Erich Pello und
Beiträgen von Sieglinde Frohmann, Gottfried
Gansinger, Hans Samhaber und einem Vorwort
von Christian Schacherreiter
182 Seiten, mit zahlreichen Farbfotografien
Format: 22 x 29 cm, gebunden mit SU
€ 29,95
ISBN 978-3-902775-09-2

Dieses Buch ist ein Streifzug durch das Innviertel, wie es ihn in dieser Form noch nicht
gegeben hat. Es berichtet von Urgeschichte,
Klima, Geologie, Fauna und Flora. Es erzählt
von der bewegten Geschichte des Landes,
von Kunst, Kultur, Architektur, Wirtschaft und
Landwirtschaft. Und wirft einen Blick auf Städte
und Ortschaften bis hin zur Gastfreundlichkeit
der Menschen, mit ihren köstlich gedeckten
Tischen und ihrer natürlichen Geselligkeit.
Fotografiert und geschrieben von Erich Pello,
mit Gastbeiträgen ergänzt von Sieglinde Frohmann, Gottfried Gansinger und Hans Samhaber
– Innviertlern mit Leib und Seele. Das Vorwort
stammt von Christian Schacherreiter.

MÜHLVIERTEL
Vielfalt – auf Granit gebaut
Mit Fotografien und Texten von Erich Pello und
Andrea Benedetter-Herramhof
160 Seiten, Format: 22 x 29 cm,
gebunden mit Schutzumschlag
€ 29,95
ISBN 978-3-902775-02-3

Entdecken Sie die Vielfalt – auf Granit gebaut.
Ein Streifzug durch die wundersame und
zauberhafte Gegend des Mühlviertels. Von
naturhistorischen Details archaischer Landschaftsformen bis hin zu bedeutenden Bau-
werken wie Kirchen, Burgen und Schlössern.
Von traditionellen Kunstwerken und modernen
Installationen, die die Menschen und ihr Leben
bis heute prägen. Innovation heißt der Motor
einer ganzen Region. Das Land reduziert sich
bei Bedarf wieder auf das Wesentliche. Auf
seine Schönheit, seine kulinarischen Köstlichkeiten und wenn es sein soll – auf einen kräftigen
Schluck Mühlviertler Bier.

TRAUNVIERTEL

Land an Enns, Krems, Steyr, Traun und das Salzkammergut
Mit einem Vorwort von Roland Girtler
Beiträge von Sandra Galatz, Adolf Brunnthaler, Willibald Girkinger, Otto Klement, Siegfried Kristöfl, Franz Maier, Erich Mayrhofer, Franz Sieghartsleitner, Helmut Steinmaßl
ca. 184 Seiten, Format: 22 x 29 cm
zahlreiche Farbfotos, gebunden mit Schutzumschlag
€ 29,95
ISBN 978-3-902775-13-9

Flächenmäßig ist das Traunviertel das größte der vier Viertel in Oberösterreich. Entlang den Flüssen Enns, Krems, Steyr, Traun und dem Salzkammergut erschließt sich dieses Land vom Toten Gebirge und dem Dachstein bis hin zur Donau. Ein ausgewähltes traunviertler Autorenteam berichtet sehr authentisch über das Land und seine Bewohner. Spannende Geschichten einer besonderen Kultur, die verbunden ist mit Wasser, Salz, Eisen, mit den Bergen, mit Rebellen und Wildschützen, werden erzählt. Zum Großteil haben die Autoren selbst dieses faszinierende Land fotografisch festgehalten und ihre Texte mit wunderbaren Bildern ergänzt.